関西ヤクザの赤裸々日記

てつ 著

彩図社

はじめに

ワシは「元極道」と呼ばれる男です。今から十数年ほど前の話です。ワシがおった組織は大企業、籍は、関西の広域組織に置いとりました。

おこがましくも、一般社会の枠に当てはめて言うなれば、ワシ自身は中間管理職のような位置におりました。

極道が日本の片隅……否、そのもっと端っこにただ、ポツンとあるかのように思われとるこのご時世。「極道なんて大したことない。何かあっても国や法律が守ってくれる」という甘い考えが、世の中に広がっている気がしてなりまへん。

世間様がイメージする極道が、ホンマの極道から日に日にかけ離れていく様には、良くも悪くも、やり切れん思いがいたします。

余計な世話焼きかもしれんことは覚悟の上、極道に憧れを持つ者たち、興味半分で近づく女の子たち、「極道なんて興味ないわい!!」と思うてはる人たちにも、ホンマの極道の世界を、一度は覗いていただきたい。そう思って筆をとりました。

極道という職の苛酷さ、格好よさ、格好悪さ、そして酸いも甘いも、ワシという男の人生をもとにご紹介させていただきます。

間違いなく、皆様が知っているような、あるいは思い描いているような世界とは違うと思います。何かしらのメッセージとして、心の片隅のどこかにでもチラと、置かせていただけたなら幸いです。

なお、いくら、「元」とつけたからとて、ワシが極道という生き方を選んだことは、正真正銘、真《まこと》の事実。そういった元極道の男が、何をも顧みずに名を語れるはずもないわけで、ここで使う名前は「てつ」とさせていただいとります。その他、登場人物などの名前も全て架空のものでございます。仮に、聞いた名が登場したとしても、それは偶然という名の罠やと……。あらかじめご承知おき願いましてから、始めさせていただきとう存じます。

関西ヤクザの赤裸々日記　◎目次

第一章 初歩

ヤクザになったばかりの頃

極道の入り口

　ワシは中坊時代にも、色々なヤンチャをしておりまして、先輩たちとの交友関係から流れて、至極当然のように、極道の人たちと顔見知りになりました。18歳ぐらいまでのワシは、まあ、簡単に言えば「町中にようさんいてはるヤンキー」の1人、というところでしょうか。

　18歳のある日、薬物などで遊んでいた繋がりから、極道に籍を置くひとつ年上の先輩と、密な仲になっていきまして、その先輩が籍を置く組の若頭とは、たまには飲みに行ったりもするようになりましてね。18歳のワシからしてみたら、ものすごく、銭は持っているわ、ええ車乗っているわ、憧れのブランドに全身包まれているわで、羨ましくもまた、形よくも見えとりました。それが、当たり前の流れであったかのように、この若頭に声をかけられたワシは、極道の道を歩んでいくことになっていったのです。

　ワシの入り口もまた、世間で思われているモノと、何ら変わることはなく。映画で見ていたような、ただきらびやかな世界が待っているのだと、疑う余地もなかったいうことは紛れもない事実です。

　極道なったいうても、こん時ワシが入った組では、親の組織に「こいつ、今日から組の一員になりますんでよろしゅう頼んます」というぐらいの報告をするだけ。名簿に名前が載れば、極道という肩書きが警察に知れることになるぐらいなもんですわ。

新参者の役割は住み込みの雑用

極道の世界でも、組織によっては色々な形や方針があるモノです。

ワシが入った組では、新参者は「部屋住み」という、いわゆる住み込みのような「役」が最初の仕事として与えられとりました。一般の会社でいうところの、「ノー」とは決して、決して言えない平社員いうやつですわ。

まず、組に入ると、寝泊まりは組の事務所での共同生活。事務所の雑用や事務作業、客人の受付などをしながら、組の中に生活の中心を置いて、日々の生活を送っていく。ここから、極道の第一歩が始まっていくことになるのです。

「人として」を学ぶんと一緒で、極道として最初に色々と覚えなあかん「所作」というモノがありましてね。電話の取り方や挨拶、茶の出し方などなど、数え切れぬほどの行儀作法を学んでいくことが、新米極道に与えられた初めての仕事でした。その所作を学ぶ中では、覚えが悪かったりミスをすれば、毎回ではないですが、そりゃあ、どつき回されたりもしますわ。

「暴力を振るう小舅《こじゅうと》」が、家の中に10人以上おる状況や思うてみてください。その小舅たちと、365日24時間生活を共にしていくいうことですかね。そこいらにおる、ただの小うるさい小舅やありまへんねん。あっちからもこっちからも、わいやわいやと言うてきはるし、間違うたりなんかすると、どこから手が飛んでくるかもわかりまへんのや。

この部屋住みという役があまりにも厳しく、半分の人間は、大概、1年を半分も過ぎんうちに逃げ出すと言っても大袈裟ではないぐらいなもんです。ただ、この部屋住みでの経験が、道を極めていくという極道の初歩にもなるのです。

組の事務所での生活でも、先輩がきっかけで知り合い、声をかけてくれた若頭が優しくて、色々と気にかけてくれとりました。たまに、一緒に買い物に行ったり、パチンコに行ったりしていまして。ワシは、外の空気が吸えるいうだけでも嬉しかったですわ。

「ヤクザなら、これは買っておいた方がいいぞ」

若頭と一緒に買い物やパチンコに行った時なんかは、若頭がそっとアドバイスをくれてはりました。こんなワシでも、多少の貯金ぐらいはありましたので、当然のごとく「ほんなら」と、若頭の勧めどおりに買《こ》うたりもしとりました。その頃のワシは、若頭の姿を見て、羨ましくも形よくも見えとったので、まだ新米のガキながらも、少しでも「ホンマの極道に近づきたい」いう想いが強かったんちゃうかと思うとります。

しかし、それこそが全て罠……。

それが罠やったいうことには、あとあとに気づくことになるのですが、気がついた時には、すでにワシの貯金は底をついておったのです。ワシの持ち金を早くなくし、丸裸にして「事務所から身動きできなくする」という、策略にすぎんかったわけですわ。貯金もなくなり、シノギという名の稼ぎもないワシにとって、ここから、ただひたすらに事務所で組の用事をするという地獄の日々の始まりだったのです。

極道の世界では当たり前のことですが、給料なんかありまへん。ほんなら、自分でお金になる「何か」を探さなあきまへんのや。こりゃあホンマに、地獄の日々の幕開けでしたわ。

シノギの3割を組に入れる

苛酷とも言える部屋住みをしながら何とか銭を稼がなあかん……。

ワシはＣＤのレンタルショップへと向かいます。とりあえず、シングルＴＯＰ10を全部借りてきて、用意しとった空のＣＤへとコピーし、人気アルバム風のＣＤを作り上げる。最初のシノギとして、稼ぎを生み出したものというたら、知り合いに買うてもらったこのCDやった。

　ワシは運がよかったんか、人付き合いの流れというモノがたまたまあって、これが多少のシノギになりました。余所様《よそさま》に嫌われてりゃあ、こんなもん当然買ってもらえんのですわ。

　極道の中でも、上にあがれるように「頑張れ」と言うてくれる応援者がいてるモノなのですが、ワシもこの頃は、そういう応援者が何人かおってくれた。それとは別に、「買わな、しばかれる」とワシを恐怖に思う人間もおったが……。それで何とか、月に10万円ぐらいのシノギにはなりまして、雀の涙ほどの銭は入りだしたいうことです。

　やっとの思いで稼いだ雀の涙の10万円。コレがまた、極道は大変や思うところでありますが、やっと稼いだ思うた雀の涙の3割……。雀の涙は10万円、涙の3割は3万円や。その3万円を、組に入れなあかんのですわ。組員それぞれのシノギから3〜5割を組に入れて、組の経営というモノが成り立っている世界やいうことです。

　ワシの雀の涙ほどのシノギから組に入れてもたかが3万やて。そんな銭が、何の足しになんねん……。ワシにその3万、使わせりゃでっかいのになあ。極道いうてもせっこいよのォ。

ワシも、若い下っ端ながらにも、そんなことをよう思うてました。せやけど、その時代のワシに、たかだか3万円の銭、掴ませたところでなあにもなりゃしまへんと今なら思いますけどね。

なお、なんとも無粋な話ではありますが、俗にいう「小遣い」ってやつの話もしましょう。極道であれば、上の者が下の者に「小遣いや」とさり気なく格好よく、気前よく渡すと思うてる人が多いんちゃうんかと……。否否、ちゃう、ちゃうですわ。そんなもんは漫画かVシネなんかの中の話で、ホンマご〜ったまにあるかないかぐらいの話なわけで、ないと同じです。

「ほれ、小遣い」なんて言う時なんかでも、上の人間のシノギを手伝って「小遣い」と言われて自分の稼ぎをもろてるだけや。

全く割に合わん。安いし、せっこい金額やなあ。上の人間の仕事をして、そのシノギの中から小遣い言われて貰うだけの話なわけで、そう思うてもしゃあない話。ホンマ、極道あるあるですわ。

ちなみに、極道の世界には「会費」っちゅうもんがありまして、親の組に渡さなあかん金をつくらなければならんのです。組員のシノギから徴収した金も、その会費に充《あ》てられるので、ワシの涙の3万円も親の組へと奉納されるために飛んでいくいうわけです。

極道の組織というのは、本体である親会社というモノがありまして、その下にいくつもに枝分かれしてできている子会社がたくさんあって成り立っとる。そう思ってもらえればわかりやすいかと思います。せやから、組員が多い組織になればなるほど、金もぎょうさん持っとるわけで、それだけ力もあるということです。

依頼

極道にも、当然ながら上の世代、下の世代とがおるわけですが、どんな世代にもそれなりに依頼がきまして、たまには一般人からも問題解決の依頼が入ってくるモノです。これは、言うまでもなく、警察が介入しきれん問題いうヤツです。

例えば、「紙にも何も残していない金を貸したが、知らん顔で返してくれぬ」とか、「同意したしていない等のＳＥＸ問題」などの案件、大体はワシら極道が動けば解決します。

そりゃあ、嘘をつらぬこうとするなら時にはどつきますし、会社に内容を漏らす電話もします。と、いうわけで……、とにかく何でもしますから、問題は大方解決するいうもんです。もちろん、極道のネットワークというモノで案件の裏取りもしっかりしとります。強《し》いて言うならば、それは、警察と変わらんレベルでのネットワークがあるということなわけです。

極道云々と言われるこのご時世においても、何だかんだで頼りにしてくれはる人間はおる。警察では解決できない、介入できない、法律も意味がない。ほんなら頼りは極道だけやと、思い切って極道の呼び鈴を鳴らしにやってくる人間がおるんです。

悪事を重ねる者《もん》は、何もいちいち「悪者」という看板を掲げておる人間だけやない。陰に隠れて捕まらんようにと、人に危害を加える人間もようさんおる。そんな相手をなんとかしたいという者《もん》が、極道っちゅうもんに仕事を頼むわけです。

問題が解決したらなんぼか貰う仕組みになっとるのは当然ですが、全件お金が絡む案件だからと言って、解決金を依頼者のサイフから貰っているとはワシらは思わんのです。ワシら極道が相手から回収した金の中から、依頼者が支払うだけの話ですから。ごっつい綺麗な言い方したら、絶対に勝てると評判の弁護士が、高額な弁護料貰うて仕事しとるのと同じような感覚やと思うとります。

薬売りは表向きはご法度だが……

組に隠れてせなあかんのが薬物売り。「極道の世界で薬に手を出すのはご法度」なんてことは映画などでも見かける話で、一般の人からしたら「ホンマかいな？」と、にわかには信じ難い話やろうとは思いますが、これはホンマです。こりゃあバレたら、しばかれるなんて話じゃなく、自ら指を詰めなあかんことになったり、「破門」というて組から追い出されることにもなるもんで、バレないようにと慎重にせなあきまへん。下っ端の若い衆は「小売り」というて、個人の客に少量の薬物を売るぐらいなもんで大したシノギにはならんのですがね。これも、年月を重ねていくと段々と大きな取引ができるようにもなっていくモノで、シノギも増えるっていうもんですわ。

ただなあ……。「薬はご法度」なんて掲げてみても、その薬自体は必ず組の人間から仕入れるモノやさかい、ワシかて、ホンマ不思議な世界やと思うてましたけどね。とはいえ、上の人間に知れたら終《しま》いや……。

部屋住みぐらいの下っ端は、大体が皆こんなぐらいのシノギで月に10～30万を稼ぐのが精一杯。ちなみに言うたら、こん時のワシのシノギは月15万円ぐらいでしょうかね。

組長の愛人に手を出す男

そんな下積み生活を送っていたある日のことやった。

親分が車に、組の名簿や武器類（木刀、キッチンの包丁、ゴルフクラブなどなど）、それから組の入出金票などを車に積んでいると思うていたら、

「その辺走っとけ」

そうワシに言わはる。たまに警察が行う「ガサ」という、事務所への手入れがくるのか思うて黙って従い、外に出て車へと向かった。

「親分、自分の愛人と他の男とのトラブルやて、事務所に2人を呼んだらしいで」

外に出ると他の組員から、そういうわけだと事情を聞いた。あまりにも興味がなかったワシは、「ああ、ホンマに」ぐらいの気持ちで、2時間ほどぶらぶらと車でその辺を走っていた。

他の組員から電話があり、ワシは事務所へと帰っていった。

事務所のドアを開けた瞬間……、ホンマ、無防備だったワシは目の前に広がる光景を見つめて思わず息を呑んでしもうた。

映画やん……。

まるで、アメリカのホラー映画を見ているかのようやった。事務所が血まみれになっている。そりゃあワシかて、そんな光景が目の前にいきなり飛び込んできたら、「人、殺したんや……」と思うのも当然や。

顔も知らぬ「親分の愛人の男」という言葉だけが頭の中を反復していた。だが、他の組員たちは黙々と血を拭き取ったり、割れた陶器の掃除をしたりしている。それを見ていたら殺してはないんやと、ワシも組員たちと同じように掃除の一員に加わった。

夥《おびただ》しいほどの血の臭いとは、言葉ではどうしても表せられへん。まさに「焼ける臭い」とはこういう臭いや。

事務所のあちらこちらに散った血液。初めて嗅ぐ臭い。でっかい壺が粉々に砕け散った跡。1人や2人とはとても考えられへんほどの、バケツを何杯もひっくり返したような血の量……。その「恐怖」は空気までをも変えてしまう。呼吸をしていると、窒息してしまいそうなほどに、重たく、苦しくて、そして冷たく張り詰めた空気やった。もちろん、一瞬でも気を抜いたら吐いてしまうような状態や。もはや脳みそなんぞ、何が起きているか理解できへんぐらいの恐ろしい現場やった。

どこを見回しても焦りと恐怖の感情しか湧かない。実際の何十倍にも感じる時間。早く済ませたいという心の声とは裏腹に、やってもやっても終わる気がしない掃除。ワシは平常心を保とうと必死になりながらやり続けた。情けないが、生まれて初めての恐怖を感じた。ものすごい早さで心臓の鼓動が脈打ち、もはや、体の奥底から震えが湧いて出ては止まらぬ状態であった。追い打ちをかけるかのように所々で目にする血だまり。

床の血だまりの中には血ともよくわからぬ牛のレバーのような塊があるんや……。半泣きながらワシは、「極道を甘く見ていた」と、嘘か真《まこと》かもようわからんほどの緊張と恐怖の中で掃除を終えたのであった。

命令

その日の夜やった。

「おい、誰か来たか？」

事務所にかかってきた電話を取ると、外に飲みに出ていた親分からであった。

「客人からの電話はかかってきていません」

ワシは、なんやどこかの客人か何かと、約束事でもしてるんやろうと思いながら呑気な回答をしとった。

「昼のおっさんがなァ、電話かけてきて、小指落として詫びにくる言うとったんや。そっち来たらなあ……殺してまえよォ」

プー、プー、プー……。電話が切られた音だけが鳴り響く。

ワシの心臓は再び、ものすごい勢いでうなりを上げ始める。昼間見た事務所での光景が一気に甦った。するとまた、ワシの心臓はさらにうなりを発する。なんとも運がない。

事務所には2人。もう1人は、ワシよりも1年ほど前からこの組におる人間やった。

「力もなく頭も悪く金もない」しょうもない組員いうやつや。一応、その組員にどうするか聞いてみるが、

「知らん。殺すんやろ」

案の定、まるで他人事のように言いやがった。

使えんヤツでも、そのまま置いておけば頭数にはなる。いかに大きく見せることができるかも見栄の張り合い。見栄の張り合いを制するには、頭が働かなあかん。金の巡りもそれで決まる。

ワシは、親分からの命令に対して頭の中では何も整理がつかぬままにも、とりあえずと木刀を手にした。そして、玄関に近いソファーに座り、見たことすらない顔も知らない「おっさん」を殺すためだけに待つことにした。

待っている間は、そりゃあ、色んなことを考えた。

仲間ァ連れてきたら少しヤバいなあ、いや、その方が殺せなくても大丈夫か。どうにか言い訳ができる。もう、逃げ出してまおうかなあ……その方が楽やん。せやけどなあ、組におられんかったら極道の道を選んだ意味がない。何とか激しくしばいて死にきらん

かったフリできへんかなあ。使えんこいつでも今回ばかりは上手くやりよらんやろか……否否、キレても勝てへん男に期待できへんがな。おっさん来る前に誰か帰ってこんかの。やり切れへんがな……。

たくさんのことが頭の中をよぎっては消えていき、腹も決まりきれずにいた。極道とはいえ、「人を殺せ」と言われて、「はい」で動ける人間なんか映画の話や。99％の極道は「はい」で動けへんのが本音というもんや。

そうして色んなことを考えていると、防犯カメラに数人の人影が玄関へと走ってくる姿が見えた。

ゴミ捨て

ワシは息を呑んだ。持っていた木刀を握りしめたまま立ち上がる。そして、玄関まで近寄ると、息を潜めて臨戦態勢になって身構えた。防犯カメラに映り込んだ、走って近づいてくる人影がこちらに来る。ワシの木刀を持つ手に力が入った。

すると、それはなんとも、親分だったのである。頭をかち割らんでもセーフだったことには感謝しとる。そして、数人の組員たちが続く。いかに、殺さんでもワシに危害が及ばんのかを、考えていた最中やった。整理がつかぬままの頭の中ではことさら、何が何だかわけがわからなかった。

よりによって、全員が全員、血で服が真っ赤。靴までもが真っ赤。まさに飛び込むように、事務所に帰ってきたんや。「風呂や、風呂や」と矢継ぎ早に言いながら、帰ってきた組員たちは風呂に向かった。どうなってんのやろ……。何も理解できず、唖然としているワシを風呂場から呼ぶ声が聞こえた。「急ぎや」なんてことは、現場の空気で察しとる。呼ばれるまま急いで風呂場へと向かった。

「全員の服と靴、どこかに急いで捨ててきてくれ」

風呂に入っていた組員たちは、全員が口を揃えてワシにそう言う。

「わかりました」

そう言うしかない。ワシは全員の服と靴を黒い大型のゴミ袋、ふたつに入れて車に乗り込んだ。血で染まった服と靴。こいつを捨てるために、車を走らせるのや。

走り出してから、ようやく我に戻った。またやることができてしまった。考えなあかん。車を出すまでの間っちゅうのは、もう何というか、自分であって自分ではない。ただただ圧倒され過ぎて、ただただパニック状態っていうやつやったんやろう。

車を走らせていると、我に戻った頭から浮かんだのはまず、昼間の事務所で起きた衝撃的な光景であった。すると、この出来事も昼間の流れの続きであると、やっと理解したワシは頭をフル回転させた。

急いで血にまみれたゴミ袋の中身を捨てなあかん。

ただただ、その言葉だけが頭の中をぐるぐると回っていただけやった。せやから、何も思い浮かばん。浮かぶわけがない。単語ばかりが頭の中をぐるぐるとしよるのや。何をどうすればなんて浮かぶわけがない。もちろん、そのための手立てなんてモノは、何も思い浮かばず。

とりあえずと、車を走らせた先にあった大きな川の底に沈めただけやった。そんな頭ん中でも「何かあった時に」という思考だけは、無意識のうちに働いておったようや。捨てたゴミ袋を後からでも移動できるようにと、大きな川の、その場所だけはしっかりと、脳みその奥に叩き込んどった。その後は足早に逃げ出した。不自然に思われぬように慎重に、急いで車に乗り込むと事務所へと向かった。こん時にはもはや、何も考えられずに、ただただ早《は》よ帰らなあかん思うて必死やった。

どれぐらいの時間がかかったのかも知れん。ようやくと、事務所に着いたワシは、ホッとすると同時に、中の様子を考えると、少しドキドキしながらもドアを開けた。すると、シャワーで血を洗い流し、綺麗になった組員たちはソファーに座っており、とかく明るい様子で話し合《お》うていたのや。玄関にワシがおることに気づく者などいない。こん中に、ワシのパニックなど気にしとる者など1人もおらんのも当たり前や。どころか、今までのことは何やったのかと、嘘みたいに、まるで何事もなかったかのようやった。ワシにはそう、見えとった。

極道

ようやく落ち着いてきたワシは、組員たちの話を聞いているうちに、やっと事の全てを理解した。昼に親分にボコボコ、いや、半殺しにされたおっさんが、夜には「自分の小指を切り落として詫びにくる」という約束をしとったのだが、厄介なことにそのおっさん、親分との約束を無視したという話やった。

元々が酒癖の悪かった親分に酒が入ればそりゃあ、「あのおっさん舐めとるな‼」なんて、怒り出すのは当然のことや。外に出ている組員を集めて、おっさんの家に行ったらしい。家からおっさんを無理矢理引きずり出すと、車のトランクに押し込み港まで連れ去ったのだという。港に着いたら、あとは昼間の続きや。全員で殴る蹴るのリンチをし続ける。ピクリとも動かなくなったおっさんを再び車のトランクに押し込むと、おっさんの家に向かったらしい。そして、動かないままのおっさんをそのまま、家に放り投げて帰ってきたという話やった。

組員たちは口々に、好き勝手に話しておった。

「死んではないやろォ」

どこかから聞こえるとすぐに、親分の声も聞こえる。

「まだやり足りん」

などと言うてはる。そんな中でワシは、昼夜の恐ろしい流血の量を思い出しとった。

絶対死んどるわ。そう思うて、誰とも目を合わせられんかった。そりゃあ、そやろ、ゴミ捨てに行った直後や。あんな量の血がついた服を何枚も捨ててきた後や。そんな状況で、動揺を隠すなんてできへん。

目が泳いでまうわ。まともに見れへんと思ったからや。部屋住みのワシがこの時に初めて、極道の暴力というモノを知った出来事やったんや。これこそVシネや映画で見ていた世界や。それが急に、現実に目の前に現れて、見て感じとる。何万倍、いや、もう想像もできんかったぐらいに、恐ろしい世界やと思うた。ワシがガキの頃にやってきた喧嘩というもんは、全てが子どもの「ままごと」にすぎんかったと実感した。

ワシが入った極道の世界っちゅうもんは、普通じゃあり得へんことがバンバン起こる。

事務所ん中がホラー映画のように、血にまみれていることに唖然とした。たったの1日で起こることとやない。

そりゃあ8割逃げ出すっちゅうのも当たり前や。極道が恐ろしいモノだと感じてまうのは当たり前やし、やっていく自信さえなくしてまうっちゅうもんよ。ワシが逃げ出さんかったんはなんでなんか、今でもわからへん。わからへんけど、極道を舐めていたと深く反省した事件であったことは、覆《くつがえ》しようのない事実やった。

連携

ゴミを捨てに行き、事務所へと戻ってから、組員たちの話で事態を理解した時や。ふと、親分の携帯電話が事務所の中に鳴り響いた。

「刑事からや」

親分が話し出すと、皆が沈黙した。その間、2分ほど。その沈黙の中で親分が口を開く。

「すぐ刑事が来るからのォ。おっさんどつき回したメンバーわかっとるさかい、捕まえにくるわ。皆完全黙秘な」

親分の決定に皆が注目した。

「ワシがうまいことするからなァ」

親分がそう言い切ると皆の方向が決まった。同時にパトカーのサイレンが鳴り響いてくる。事務所に刑事が入ってきた。ワシはドラマや映画やと思いながら眺めていた。「捕まえるぞ!!」なんていう、よく出てくるドタバタなやり取りなんかは全くなかった。

まず、暴力団担当刑事が1人、事務所に入ってきた。通称「マル暴」と呼ばれとる刑事たちや。そのマル暴が入ってきて、「親分、行きましょか?」と言うと、親分は刑事に返答するなり組員に向かって言った。

「ほな行くでェ」

親分が声をかけると、事件に関わった組員たちがそれに従う。1人ずつ、刑事とセットになってパトカーに向かっていった。

「長くはならへんけど、あとは頼むぞォ」

親分は、事務所を出る間際に、ワシと若頭に向かって笑顔になると、そう言い残して行った。暴行に加わった組員が皆、警察へと連行されていった。これもまた、世間一般では「ホンマやろか?」と思わはるような話や。マル暴と極道は、大体が仲がいい。

極道絡みの事件などでは、マル暴と極道が、情報の連携を取っているのなんて当たり前や。何かあれば、まずは、マル暴から極道に一報が入る仕組みになっとる。マル暴によっては、一緒にメシを食べに行ったりする者もいよる。昔から違《たが》わず、当たり前かのようにマル暴と極道は繋がっておる。ワシにも常に仲のいい刑事はおった。

組員のほとんどが、警察に連れていかれた。とりあえずワシと、全く使えない組員、若頭、この3人で事務所ごとをやっていくことになった。とはいえ元々、組の大事な金の管理や色々な帳簿関係は、若頭と事務局長。雑用係はワシと、使えない組員がやっていたので、仕事量はさほど、増えたわけでもなかった。せやから、ワシの生活には変わりはなかった。

そうして、今までと変わらぬ日々を過ごしていた。

「親分の件やが。相手のおっさん、意識不明やったが、意識戻った言うから行ってきてな。銭、渡して示談にさしたから、来週皆出てくるからな」

若頭からの突然の通達やった。

港でボコボコにリンチされて家に放り投げられた後、おっさんは救急車で病院に運ばれた。10日ほどは意識不明だったらしい。意識が戻った時には若頭たちがおって、目の前に金を差し出しとるいうわけや。

「金をやるから示談にしろ」

目が覚めたおっさんの目の前には、金が積まれている。

ここはどこ？　私は……なんて状況やん。それで間髪入れずに、脅して示談にさせた。おっさんからすれば、そりゃ受けるやろ。親分の女に手ェ出したおかげであんな目に遭《お》うて、気がついたら「金をやる」や。「金貰えるだけマシ」思うてまうやろ。まあ、ワシもこの時には「やっぱり死にかけてたんや」なんて思うたし。そりゃあ、あの夥しい血の量や。トラウマ級の光景を目にすれば絶対死んどるとしか思えへんわ。殺しかけるという無茶苦茶をしておきながら、最後は金と脅しで解決。どこの誰だかもようわからんおっさんの話やが、ワシは人殺しになる寸前やった。女が絡むと、ろくでもない。勘弁してくれと、心の底から思ったわ。せやけど、まさにこれが極道いうやつや。解決法まで暴力。これが悪の道を極めることやなんて思うたら、そんときはさすがやのォとしか思われへんかった。

奇想天外

あと1週間ぐらいで皆が帰ってくる。そんな報告を受けた朝の4時ぐらいのことやった。たまたま事務所には、親分の、義理の弟分である叔父貴が泊まっていた。

小走りで2階からバタバタと降りてくる。

のだ。

「おはようございます！」

ワシは挨拶をすると叔父貴を見た。

出た。ワシは唖然としてしまい、心底仰天しとった。叔父貴の格好というたら、作業着風のズボンをはいて、上半身は腹にしっかりとさらしを巻いとる。上半身はさらしだけ。腹のさらしには、めちゃごっつい「ナタ」をしっかりと差し込んで、装備してはるのだ。

朝4時にパンチパーマの極道が、そんな格好や。誰でもびっくり仰天してまうやろう。

「叔父貴、どないしたんですか？」

ワシは、シレっと聞いてみる。

「おう、ワシの知り合いのスナックでな、ツケ払いにしとってごちゃ言うて、ツケ払わん人間がおってな。今、店でなァ、揉めとる言うから話し合いに行くんや。ほなな」

叔父貴はそう言い残して車で出かけていった。

話し合いの格好ちゃうやん！　そんな格好じゃ、頭おかしい人思われるで……。

ワシはそんなことよう言えへんかったけどな。腹のさらしに装備しとったためちゃごっついナタも、本気で人死ぬぞと思うとりましたけどね。

2時間ほどで叔父貴が帰ってきた。血しぶきに濡れていないかと、叔父貴を見るまで少しドキドキしたが、全く汚れもなく帰ってきてくれはった。

「どないやったんですか？」

挨拶するなり、ワシは尋ねた。

「コラ!!　銭払うんか、払わんのかどっちやワレ！　ぐちゃぐちゃにしてまうど!!」

スナックに入るなり叔父貴が大声で言い放った。それから、めちゃごっついナタを振り回し、スナックの椅子をひとつブチ壊したという。相手は土下座して命乞いをし、ツケの金と壊れた椅子代、迷惑料を支払って逃げるように帰っていったとのこと。極道っていうやつは、やっぱり無茶苦茶やなあ。

これまたワシは、初めて見る極道の奇行に、そんな風に思うていたもんや。部屋住みとはいえ、極道のワシが思うぐらいやから、相手の人間なんぞ可哀想やで……。上半身はさらし姿に、腹にはごっついナタを装備したパンチパーマの極道が、いきなり現れる。さぞや仰天したやろうと思うしな、ごっつい恐怖やったやろなあ思うわ。ごちゃ言うて、ツケ払わんかった代償がこれかて、恐らく二度とは飲みに行かんなるやろなあとは思うとりました。

豪胆無慈悲

この叔父貴というのが、ワシが思うに一番ヤバい武闘派ヤクザであって、暴力に関しては武闘派の組員の中でも、かなりの上位に入るほどの男やった。

これは、ワシの上の人間から聞いた話やが。ある日、その先輩極道が、この武闘派の叔父貴に呼び出されて車で山に連れれていかれたという。

なんや、大事な話でもあるんやろ。そう思いながら、叔父貴に従いついていった先輩は、山の上の方にある「ボロ小屋」に入れられたのだそうだ。いきなりやったという。

「お前、ワシがシャブやっとるの親分にチクりやがったな、殺すど!!」

叔父貴の手にはいつの間にか、小型の斧が握られていた。それが先輩極道めがけてぶっ飛んできたんや。顔の横ギリギリを通過した斧は、そのまま後ろの壁に突き刺さって止まったとのこと。

ホンマ、漫画みたいな話や。小さいとはいえ斧やで？　叔父貴から、斧投げつけられるとは、1ミリたりとも思っておらんかった先輩は、必死に逃げて助かった言うてましたわ。この叔父貴の奇行。これがなんともまた、シャブで勘ぐりが入ってのお、ただの、勘違いからやったというんやからな。流石、武闘派ヤクザと言うべきなんやろう。

これまた別の一件になるが、昔あった組の抗争での出来事や。拳銃で足を撃たれた組員が、相手を追いかけることしかできずに終わった時の話をすると……。

「足撃たれたら、腹ァ！　撃ち返さんかい!!」

叔父貴に怒鳴られ、足、撃たれて、悶絶しとる組員は、そのまま叔父貴にボコボコにしばかれとったという。

豪胆《ごうたん》無比《むひ》ならぬ豪胆無慈悲と言うべきやろうか。特に、ワシよりも少し上の極道というモノは、叔父貴のように恐ろしい。何をするのかさえわからぬほどの、ホンマ恐ろしい、組員でも、警戒してまう極道がようさんいるもんや思うてました。

新たなる始まり

時が経ち、親分たちが出てくる日の朝を迎えた。事務所では、酒や豪華な食事を用意して待っとる。すると、清々しい顔をした親分と組員たちが帰ってきた。

「ご苦労様でした！」

腹の底から声を張り上げ、ワシは親分たちを迎えた。

「皆もご苦労さんやったな」

親分は一言述べてから、ソファーにどっしりと座った。それから10分もすると、色んな客人たちが、入れ替わり立ち替わりで事務所へやってきては親分と話をしていく。

少し話は変わるが、極道は捕まって出てきた人間に、「これでゆっくりしてください」という意味を込めて、お金を渡す習慣があるんや。

「ワシ、金ないんやて」と思いながらも、本当に苦しい中から皆に金を渡した。部屋住みやなんや関係あらへん。こういう面でも極道は、金もかかるし苦労も強いられるんや。

金額は、捕まっている期間がどれだけ長かったかや、組のために、どれほど重要なことで捕まったかによっても変わる。長い期間ではなかったので、今回の件では、1人に1万円ずつ渡せば十分やった。組を守るために捕まった者に対する労いの儀式や。だが、今回の件に組は関係ないやろう。同情はできんかった。おっさんにもやが。

さて、客人たちが、次から次へと入れ替わる。繰り返しのドタバタが続き、一段落ついた時であった。「会長秘書」という役職についている叔父貴に呼ばれた。

会長とは、親分の親分。つまりワシらのおじいちゃんに位置づく極道や。世間一般の言い方で表すと、4次団体である子会社がワシの組であり、会長は、3次団体にあたる子会社のトップである。そして、ワシを呼んだ会長秘書とは、その会長のスケジュール管理や身の回りの世話をする組員となる。

珍しいな、秘書に呼ばれるなんて。そう思いながら会長秘書と2人きりになり、話を聞くことになった。

「あのな、近いうちに〝会長宅住み〟のポストができるんや。そんでな、今んところなァ、なんもできへんあいつおるやろ。それを宅住みにしようということになっとんやけどのォ。立場が上がるチャンスやしな、ワシは、お前はええ極道になると見込んどるんでな。せやから、今日の定例会で会長にな、自分を宅住みにお願いします言うて直談判せいや」

会長秘書からの命令やった。会長宅住みとは、部屋住みとよく似てはいるが、会長の家に住むことである。部屋住みと同じ仕事をするのだが、会長や姐さんである「会長の嫁さん」の世話をすることにもなるので、極道組織内ではそこそこ重要な役である。

直談判

定例会まであと2時間ほど。考えている時間などない。ワシは、この流れに乗ろうと思う気持ちと、秘書に期待されとるという、嬉しい気持ちにもなっていたので、覚悟を決めた。親分には話を通さなあかん。

「親分、ワシが会長宅住みを直談判しよう思うとるんですが、よろしいでしょうか?」

足早に、親分のところへ行ったワシが言った。

「おう！　ホンマか。ヘタァ打たずに正念入れて、やりきれるんか？　泣き言言わずやり切れるんやったら、やったらんかい！　極道として男も上がるからのォ。かまへんぞ」

親分からはそう言われた。

そして、定例会が始まる時間が近づいてきた。幹部たちが1人、また1人と集まりだした。「会長が来たら一番に言え」と言われていたので、いつ会長が現れるのかと緊張して、足元に力が入らぬぐらいに、心臓がバクバクして止まらんかった。ワシの頭の中は、緊張と不安でそりゃもう、爆発寸前になっておった。

そんな思いと闘っていると、あっという間に時間は経っていた。会の30分ほど前には、会長以外の組員たちが全員揃う。あとは、会長を待つだけとなった。ワシは、なぜかわからぬが、緊張がピークを越えたのか、冷や汗まで出てくるという情けない姿になっていた。そこへ、とうとう車が到着し、中から会長が降りてくる。

心臓の音が聞こえるぐらいになったワシは、震える足に力いっぱい拳を落として気合を入れた。会長が事務所に向かって、一歩一歩近づいてくる。

「ご苦労様です！」

外で警備に付いている組員たちは、野太いでっかい声で挨拶をしている。

挨拶が終わる頃、ワシは会長の5メートル手前ぐらいまで進むと土下座の姿勢を取った。

「ご苦労様です！　会長、よろしければ自分を宅住みに使ってください！」

顔を伏せたままで、短い言葉やが。震える声を、抑えるためにも腹の底に力を込めて気合を入れる。そして、大声で直談判したのである。

「おう！　明日の朝から来い。よう言うた」

会長は言い残すと、事務所に入っていった。言い終わったワシは、力が抜けたのか、一瞬頭の中が真っ白やった。それでも、すぐに我に戻ると、未だ震える足に、再び拳を力いっぱい振り落とすと、そのまま組の雑用に戻った。定例会は、組の重役たちだけが参加できるもので、その日の定例会の重要事のひとつとして、会長宅住みのポストを明日から始めること、ワシが宅住みのポストに就くとの発表があったと聞いた。定例会の後では、重役たち1人ひとりがワシに声をかけにきてくれたのである。

「直談判よくした」

こんな褒めの言葉をもらった。激励の言葉なども。ワシの極道人生の中で、5本の指に入るぐらい、嬉しくもあり、また、興奮した出来事やった。

ちなみにだが、位の高い会長たちに挨拶したり、何か物申す時には、土下座になり、顔を上げないことが極道の流儀である。

こうしてワシは、初代「会長宅住み」のポストに就くのだが、秘書がワシに直談判を持ちかけたのには実は裏話がある。あとあとになってわかったことだが、ワシに目をかけてくれたり期待してくれていたのではなく、あの使えない組員を宅住みに就けたら必ずヘタ打ちすると思い、あいつはダメやと判断した秘書が適当に、近くにいたワシに声をかけていただけなのだった。

直談判したその日の夜、ワシは荷物をまとめていた。ワシが事務所で担当していた雑用は、他の部屋住み組員に引き継ぎ、会長宅には持っていきにくいエロ系や映画の海賊版ＤＶＤ、もう縁がないであろう靴や服、メリケンサックや長ドス、木刀や改造ガス銃なども他の部屋住みたちに譲り、なるべくコンパクトに仕分けした。

そして、出発の朝がきた。ワシは、いつもやっていた朝の雑用を他の組員に任せて、親分と若頭に「行ってきます！」と、挨拶を交わした。そして、自分の車で会長宅へと向かうのである。道中、意外に緊張などは全くなく、これからの生活に、期待を膨らませる気持ちの方が大きかったことは間違いない。

第二章　前進

ヤクザのリアルな日常

初代宅住み

今まで世話になった組から会長宅に着くと、そこには秘書と、秘書の付き人が待っていた。

「今日からな、ワシとコイツとお前、姐さんと会長の5人で生活するからな」

秘書に言われた。最初はよくわからなかったのだが、どうやらワシは24時間365日を、秘書と秘書の付き人は土日以外を、会長宅で生活することになったようや。車で5分ほどの場所にある組の傘下組織が、会長宅を定期的にパトロールしているようであった。

会長宅は、3階建てで6LDK、部屋が6つにでっかい応接間があった。秘書が部屋を紹介してくれる。会長と姐さんの部屋、麻雀部屋、秘書と秘書の付き人の部屋、防犯カメラの部屋、応接間。家具は金持ちの社長宅みたいな感じで、自動麻雀卓と防犯カメラの量が少し極道っぽいなと感じるぐらいであった。

秘書にお前の部屋なと案内されたのは……防犯カメラの部屋であった。ワシはこの日から、6畳の部屋に、防犯カメラの画面8台と一緒に生活していくことになったんや。部屋を案内してくれた後は、「ワシら出るからな、あと任したぞ」と外出していきおった。

この時に気がつく。「初代」宅住み……そう。初代やから、何をするのかさえ何も決まっていなかったのだ。ワシが考えて、会長や姐さん、組員が納得のいく雑用や、家事をやっていかねばならなかった。

こりゃあ、ごっつい大変やぞ。心の底からの叫びやった。

初めの一歩

ワシはまず、冷蔵庫の中を確認する。多めに支度せなあかんと考えて、10人分の朝飯、昼飯、晩飯の材料を紙に書き出した。部屋住みで学んでいたことやが、とりあえず食事を確実に出せるよう用意をしておくことが第一、だからや。

次に、水回りを重点的に掃除した。細かく徹底的に行わなければならないが、初日ということで他にも色々やらなくてはいけないと思い、軽めに掃除を済ませた。

最後に玄関の掃除をしていると、会長が帰ってきた。

「おう！　早速動いとるなあ、頑張れよ。これで家の物とか買え。足らんなったら言えよォ、何でも、ええもん買えな？　安い物はあかんからな。なあに銭、渡しに寄っただけや。もう出るからな」

急にやってきたと思うたら、現金50万円をポイと置いていく。しかも、安物はダメやと言う。会長宅用に雑費や食事代にと、50万円を渡されたのだ。「とりあえず50万円」とは銭持っとるなぁと、そんな大金をぽんと置いていくとは格好ええなぁと思うとった。

「会長から経費預かったので、食材を買いに行ってきます」

それから、秘書に電話を入れ報告をした。

「ラーメンを10人前ぐらいと、色んな種類のタバコを3箱ずつ買っとけな」

秘書に言われた。少し急いでいたもんで、理由は聞かずに「はい」とだけ言った。

ラーメンなんて食べるのか？　タバコも？　とは思ったが、深くは考えなかった。食材を買って宅に戻り、とりあえずは掃除を再開した。昼は誰も戻ってはこおへんかった。せやから、掃除をしながら家の中を色々と見て回った。やはり、極道ならでは的なモノは、何もなかった。なぜか、少しだけガッカリもした。ワシは、トラの敷物や猛獣のはく製や刀とか、あるのかと勝手に思うていたのや。それを見るのを、こっそりと楽しみにしとったからや。

ふと、時計を見ると、15時30分を過ぎていたもんで、晩飯の準備を始めた。焼き魚や煮物、酢の物などを作っていると、秘書から電話がかかってきた。

「飯準備してるかァ？　和洋中、全種類と、混ぜ飯と白飯用意しとけよ。会長に対しては、当たり前やからなァ」

そんなことを言われた。会長宅住みでは、夜は和洋中の料理、全てを用意し、朝は、毎日違う組み合わせで、漬物5種類と、出汁巻きも甘いバージョンと塩バージョンの2種類を作り、納豆は大粒に小粒にひきわり、魚は干物、焼き魚、煮魚と、何でも作って準備しなくてはならん仕組みやったんや。

ホンマかいな、ワシィ1人やで？　心の中では、泣き言を叫びまくっていた。

正直、極道生活の中で、「会長宅住みの食事作り」が、トップ3に入るぐらいに、ホンマに大変な大変な役であったと思う。お陰様で、今でも料理の腕は達者ではある。

ドタバタしながらも、何とか食事の用意ができた。ワシは、自分の防犯カメラ部屋で、一息ついていた。すると、秘書と会長、姐さんたちが帰ってきた。

「おい！　すぐに飯にするぞ」

秘書に言われた。テーブルには、和洋中と作った料理を全て並べる。会長たちが食べ始めた。ワシは立って、台所の端で食べ終わるのを待っとった。

「一緒に食べろ」

会長が言いましてね。ワシは席に着いて、下を向いて食べ始めた。

「これは、いいお嫁さんになれるぐらいの料理ね」

姐さんに言われる。それも、ワシにはよお意味がわからんかった。正直、男にいい嫁さん言うんを、どう解釈したらええんかも、わからんかったんや。外でぎょうさん、旨い飯食うてはる人に言われると、家で食べる程度の味やね、と言うてはるのかもワシにはよおわからんのや。

「ちゃんと女も見とるから、気合抜かず、腐らず頑張れよ。お前の心はぎょうさん伝わっとるからな」

続いて会長が言わはる。これもまた、よおわからんという思いのまま、食事を終えた。洗い物をしていると、秘書が話しかけてきた。

「会長が、気持ちエエ若衆やのォ、言うてたぞ」

それこそ、キョトンや。

「会長が喜んでたいうことや。この調子で頑張れ」

そう言われた。まあ、褒められとったいうことやったが、駆けずり回っとった1日の後や。脳みそも、ようついてこれへんかったんやろう。何とか、初代会長宅住みという役の初日は、上手い具合になったようであった。

重圧とパシリの狭間

初日を無事に終えたことで、大体の1日の流れがわかってきた。

朝は5時半に起きて食事の準備、10時過ぎには買い出しに行き、11時過ぎからは昼飯の準備、14～15時半までは細かい雑用、15時半には晩飯の準備。手が空いている時には、延々と掃除を行った。休憩といえる休憩などない。タバコを1本2本、ちょこちょこと、吸うぐらいや。

「ただのお手伝いさん」やなんて、なんぼ思われたかて関係ない。極道の一組員が、その上の組の会長宅住みを、誰からの咎《とが》めも受けないよう、1人でこなす。部屋住みの頃ともまたわけが違う。そこには、1人、という重圧がのしかかるんやからホンマ苛酷。逃げ出す人間なんぞ、なんぼでもおるわと、思うとりました。

このような日々を過ごしていたある日の夕方やった。会長と、近くの銭湯に行くことになったんや。風呂に着くとワシは、素早く料金を支払い、すぐに服を脱ぐと、風呂道具をシャワーの前にセットして、床一面をお湯で流した。ワシは、入り口近くの湯船だけを利用し、会長が、サウナや電気風呂などで寛《くつろ》ぐのを待っとった。当然、極道では、風呂での所作も徹底されているものや。

会長が清潔に、安全に過ごせること。これを第一に考え行動しなくてはならんのです。

会長がサウナに入っている間には、めちゃくちゃ急いで頭と体を洗い、会長がシャワーに向かう動きを読むと、素早く歩み寄った。陰部以外の体全部を丁寧に洗い上げる。これも当然、極道の風呂での所作や。あとは、会長が自分で洗う。ワシは、先に風呂を出て、素早く服を着て会長を待った。そして最後には、上がってきた会長の体を、全身拭き上げてから、ワシは下駄箱で会長の靴を準備して待機や。ホンマかいなと、笑うてしまうようなことにも、ヘタ打ちせえへんようにと真剣やで。1ミリたりとも気を抜けんのですわ。

これを読んではる皆さんは、どう思いますかね？　ワシは、銭湯ひとつ取っても、これほどまでに、徹底して人を立てて尽くす職業は、他にはあらへん思うてます。そういう意味でもホンマ、大変や思いまっせ。

銭湯からの帰り道、古本屋が通りすがりにあったので、立ち寄ることになった。

「おい、これ全部」

中に入ると、10分ほどで会長が指をさす。そこには、B6判の漫画40巻ぐらいが置いてあったんや……。ワシは、店主を急がし会計を済ませ、会長が指差した漫画を全部、無論、1人で運ぶことになるのはお決まりのことである。

「落としたらあかん、落としたら絶対あかんて」

自分に言い聞かせるんや。せやけど、まあ、重たいわ、持ちにくいわ……。落とさんように落とさんようにと、漫画40巻を何度も持ち替えたりもしとった。ホンマ、生まれて初めて経験した。なんて、思うていると、昔、カバンを大量に持たされとったイジメられっ子の姿と重なりまして……。この時にようやく、イジメられっ子の気持ちがようわかったなんて、思うたもんです。

漫画、運びながら会長をチラっと見ては思う。この人。必死のワシ見て、何も思わんのかい！　ワシはパシリちゃうで。

あ！　ワシは気づくんや。せやかて、会長から見たらワシ。パシリ半分やもんなあ。なあんて、思いながら、必死の帰路を急いだのである。

ホンマ、持ちにくい古本屋の荷物を守りながら、小走り気味で帰った。言うまでもないが、銭湯から会長宅に着いた頃には、ワシ1人が、汗でビショビショやった。

ブレーン

「会長が麻雀するからなァ」

いつも通りの雑用をしていると、秘書から電話がかかってきた。

世間の人たちが想像してはる通り、極道に麻雀好きは多い。Vシネに出てくる1シーンを、簡単に想像できるぐらいに、ホンマ極道は、麻雀好きが多いんですわ。麻雀部屋、その部屋だけは「極道らしく」自動麻雀卓が置いてあった。ワシは、その部屋の掃除に手早く移りまして、いつもより丁寧に、気をかけて掃除もしないといけない。客人に、塵《ちり》ひとつ見せることがあってはあきまへんので。当然、コーヒーやお茶、ビールなども、何でも出せるようにと飲み物も準備して待っとった。

しばらくすると会長が、言わば「ブレーン」と呼ばれておる一般人の友だちや、会長の応援者たち等と一緒に帰ってきはった。皆、玄関を入ると、いつものお決まりかの様子で麻雀部屋に入ると、卓に座っていく。ワシはとりあえず、その人らに飲み物を聞きに行って、全員が「ホットコーヒー」と言うので急いで台所に引き返す。

「何飲むって?」

台所では秘書が待っとった。

「全員ホットコーヒーです」

ワシがそのままを答えると、急いで指示が出る。

「ブレーン社長は砂糖2個、ブレーン後援会長はブラック」

口早に言わはるもんで、それを手早く作って麻雀部屋へと運び、台所へと戻った。

「今後なァ、会長のブレーンたちもちょこちょこ来るから、それぞれ用意するものを紙に書いて台所に置いておけ」

まだ待機中やった秘書に言われた。

「あとは防犯カメラをず～っと監視しとけ。タバコか食い物、飲み物、言われたら素早く動いて作っては渡したりするんや」

カメラと睨めっこやん……。初めからメモがあったらごっつい楽やのになあ、なんてことも思いましたけどね。それはまあ、秘書さんらは自分なりに、記憶して徐々に覚えていきながらこの形ができあがったんや思う。偉いご苦労やったやろなあなんて、思うてましたわ。

この役割にも、当然のことながら名前がある。「ぼんもり」と皆呼んどった。そういう役があるならなおさら「メモぐらいあってもええやろ」なんて思いもしましたわ。それでもまあ、そういう雑用を整理していくのも初代「宅住み」のワシの役目や。そう思わな、やることが多過ぎて、ホンマやっていけなかったんちゃうかと自分でも思う。

ぼんもり

正直、ワシはこのぼんもりという役割の仕事がごっつい嫌いやった。いくら会長のブレーンとはいえ、コーヒーやたばこやラーメン、パンなどと偉そうに言わはるもんで……。そりゃあ、素人さんにええように扱われたことのない、極道の立場のワシからしたら思うところがありますのや。

会長のペーペーやから、使うてもええ思いよんのか？　ワシは素人さんやのうて、極道やで、なんていう気持ちも、会長の手前、当然抑えなあきまへん。普段は、素人さんに舐められんようにと教育されておりますわ。それが会長の手前とはいえ、「素人さんですやろ？」って言うてしまいたいけど、言えへん気持ち……。

そんな苛立ちをためこみつつ、ただひたすらに防犯カメラと睨めっこするだけや。それで眠るな言う方が無理！　言いたくなるぐらいに、めちゃめちゃ眠たくなるんや。もちろん、寝てまうなんていうヘタ打ちするなんてことは、頭に浮かばないっていうぐらいに、言語道断です。

待っている日なんていう時は、10時間も15時間も、これやりよるんや……。眠たくても寝られへん、カメラから目は離せん、他のことするにも限度がありよる。せやのに、極めつきが、素人のパシリや。

ただ、素人のパシリ、なんて言うたらあきまへんのや。せや、いくら言うたからとて、親の親（会長）の客人。誰かて、大切にせなあきまへん。それが筋言うもんですわ。親の客人は、ワシにとっては親と同等までとは言わへんけど、それに値する行動をわきまえる必要がある。そんなことも、当たり前の感覚として身についていくもんなんですわ。

それにしても、この役目はホンマに、精神的にもごっつキツい役目やった思う。ワシの性《しょう》には合わへん。それは間違いない。会長の客人。せやから大切にするいうだけですわ。

ワシが宅住みを始めたばかりの頃、初めに行った使いの、買い物の意味がここでわかったわけや。あの時に大量に買わされたタバコ。そして、大量のラーメン。それは、会長のブレーンたちを、麻雀でもてなすためのモノやったんやと……。

この役目を初めて知って、初めて役をしたこの日に、麻雀に費やされた時間は5、6時間ぐらいやった。タバコやコーヒーを渡したり、灰皿交換したりと、これも意外と1人では大変で、皆が何も話さない時間が続くと、今度は睡魔との闘いである。

皆さんは、どない思いますかね？　極道いうても、素人さんにペコペコしたり、素人さんに茶ァ、運んだりタバコ運んだりと、意に反してもやらなあかん。言うても染みつくもんなんか、それはわからへんけど。こんな地味で、献身的な役目もあるんですわ。どんな社会でも、あるようなことなんで、多少なりともわかっていただけるとは思います。ワシのなんとも言い難い、悔しいというか情けないというか……。それでも、親には歯向かえんという気持ちと闘っとったいう葛藤もあったわけです。

麻雀が終わって部屋を片づけていると、麻雀卓の上に、ポンと10万円が置かれていた。「何でだろう？」なんて思っていたけど、場代やと秘書が言う。ヤクザの事務所や、会長宅などで賭け麻雀などをする時なんかは、1人なんぼか、場借り代として支払うのが暗黙のルールいうやつです。もちろん、その場の経費であって、ワシらには1円も入らん、なんて言うんも当たり前です。こうして、会長宅住みに、新しい役目が増えたというか……発覚した……いうわけなんですがね。

極道では当たり前の話だが、どんな役職に就いていても、麻雀好きは多い。それがシノギにもなるんでね。自分の腕を磨いて、客人連れてくれば金になり、レートを高くすれば、儲けも増えるってもんや。

イカサマなんてことは一切ない。せやから、全部実力勝負っていうことになりますわ。自分が楽しくて強くなれば、楽しくてなおかつ安全に遊べるシノギ。つまりは最高のシノギってやつです。

ワシは、麻雀のルールこそわかれど、打つことは一度もなかった。性格にイマイチ合わんかったからだが、どちらかと言えばもっとこう、リスクを負ってでももっていうピリピリした感じの人生。それから、シノギを求めていたって言えば、それらしく聞こえるか知りまへんけど。まあ、ピリピリし過ぎてどないかなってまいそうな時には、よく冷や汗が出ていた気もする。思い出すとよう笑うてまいます。

事件

そして、宅住みの日々も過ぎていくのだが、やはり会長宅ということもあり、警備もようさんいてはるし、部屋住みの頃とは違い、事件などは起きまへん。ただ、強《し》いて何かを挙げるとすれば、ワシが散髪に行った時の話ぐらいやろうか。

その日はたまたま、散髪に行ったんです。そういう時に限って、っていうやつですかね？　髪の毛切っている最中に、会長が家に戻ったらしく電話をかけてきまして……。

「どこにおるんや？」

「コンビニに足りぬ物を買いにきてます。すぐ戻ります」

ワシは思わず言ってもうた。ホンマ、ちょうど半分切り終わったかという髪のまま、急いで会長宅に戻ると会長に挨拶をした。

「髪切ったん？　なんや、めちゃくちゃヘタやないかい！　切り直してこい」

会長から、1万円もろてまいました。

これは後で、鏡見て笑てまうんですが、顔中が小さい髪の毛だらけでして……、こんな顔見たらもろわかりやろ。なんて思うて、笑えてきたのと、買い物や言うて、散髪途中で走ってきたんが丸わかりのワシに、会長の言葉が笑えて。

「下手くそな散髪しやがって」

と、1万円を渡す会長を思い出すと、にやけてしまった。どんな時でも、会長や親からの連絡っちゅうもんは、1分1秒たりとも無駄にせずに駆けつける、なんてことは、当たり前の世界。会長みたいに、嘘丸わかりの格好をして目の前に現れたのにもかかわらず、何も言わず散髪代だと1万円渡す心意気というには、分不相応ですが、何と言いますか、男が男に惚れる格好よさがある。なんて風に思うてました。

隊列

ある日のこと、会長からの業務連絡や。

「今度、あそこの会の若頭に会いに行くから、3人も一緒に行くぞ」

秘書にそう言った。ワシも一緒に、ワシにとっては初めて、他の組に顔を出すということを、経験することになったんや。その組は県、5県ぐらい離れた場所にあった。全国の極道組織の中でも、力を持っている有力団体である。ワシは、初めての他の組織への訪問に、期待を大きく膨らませるが、緊張もしとった。

ようやく当日になり、車の後部座席に会長と秘書が乗り込むのを見送った。ワシは助手席に乗り込み、3人が同じ車に乗る。他にも3人ずつ乗った車が会長の車を3台で取り囲むようにするんや。

まず、会長の車を左車線の真ん中にして、その前と後ろ、空いた横にもう1台がつくという形で隊列を組む。そして車間距離は車半台分ぐらいを1ミリのズレも出ることがないように運転していくのだ。そんなピシッと整った姿を見ると、自分の組ながらめっちゃ格好ええなあと、改めて誇らしげに思うとった。

隊列を保ちながら走ること3時間。ようやく他組織の県に入ろうかというところまで来てもなお、隊列は形を保ち続けていた。他組織の県に入ると、すぐに車の送迎が3台来ていることがわかるのだが、その後の新たな隊列を見た瞬間にワシは、ホンマかいなと目を疑う光景を、目《ま》の当たりにすることになるんや。

ワシらが乗る会長の車と合流すると、一番前には他組織の車が2台入り、すぐ後ろにもう1台が入った。信号に差しかかろうかという時、前に陣取った車2台が動き、前方の交差点の中に入ると、青信号で走れるはずの車の動きを止めた。

その後も、十字路や交差点に差しかかると、前方の2台が信号という信号の横の通りを止めていくので、ワシらの車はノンストップ。ほぼ、止まることもなく次々に車を止めてはワシらの車を誘導してゆき、ワシらが乗る会長の車を取り囲む隊列も乱れることもなく、順序よく進む。その圧巻の光景に驚きつつも、助手席から誇らしげに見とった。するると、他組織の事務所に着いた。

漫画の世界かと疑うような見事な隊列と、交差点での見事な誘導には、極道の神髄を見たというか、圧巻の一言やった。男として身の引き締まる思いやった一方、もはやこれが当たり前に行われていることに笑えてきたほどや。

秘書を先頭に、会長が相手の事務所に入っていった。残りの組員たちは車の中や外で待機し、車は切り返して警備に当たっていた。

その間、相手の組織の組員が30分ごとに飲み物を持ってきてくれたりする。その気遣いというたら、男としてとても気持ちのいいモノやった。ワシらが客人なもんで、すごく下から来るんも、皆がパリッとしてるんも、見習うべきやなと思うてました。声はハキハキと短く、客人にはこまめに水分やおしぼり、軽食を出す。こんな行動だけでもテキパキと、物言いよく動いてる様《さま》は、男から見て格好ええと思うやつではないやろかと思いますわ。

3時間ほどもすると、会長が事務所から出てきた。

「今から食事行くからなァ」

会長は、そう言うと車に乗り込んだ。皆、颯爽とした姿で元の隊列を組む。来た時と変わらずの、ノンストップの始まりやった。

やはり格好ええなあと思う。動作ひとつ取っても皆無駄のない動き。会長が出てきてから車に乗り込み、走り出すまでの双方組員たちの行動ひとつを取ってもや。極道やから、大事な客人前にして、ヘタ打ちせんとする相手の組員たちの行動。そして、信号をさも当たり前のように止める……。極道ならではというんやろうか、その堂々たる様には、その場におったワシは、誇らしくも思えるものやった。

店に着くと、秘書は店内警備に当たり、ワシら他の組員は再び外の警備に就いた。相手組織の組員たちは、今度も変わらずにペットボトルや缶の飲み物等を何度も運んでくれる。車の運転や、飲み物や軽食の気遣いは、相手側の所作なのやろう。ピシッとしていて、格好ええと心底感じた。

今度は、2時間ほどで会長が出てくる。次はお風呂、次はスナックという風に、向かう先々まで隊列を組み、到着したらしたで今度は警備に飲み物等の気遣いを、というような形で、ワシら組員は一日中警備に就いただけやった。

それから、初めて他組織の事務所が見れるかもと思うとったが、それも叶わずや。相手組織の組員との交流なんてもんもなかった。ただひたすらに、10時間以上の警備に就いた1日やった。何事も起きることはなかった。せやけど、警備の大変さを知る出来事でもあった。若い衆や役職がまだ下の極道は、このような「付き」と呼ばれる警備の仕事に就いとるわけや。

指揮

また変わりのない宅住みの生活が始まる。せやけど、大層な出来事があった後は、身も心もまた引き締まるもんやとなおさらに感じとった。

「来週、直参《じきさん》がみんな来て大掃除するみたいや」

ある日のこと、秘書に告げられる。直参とは、立場が上の組員たちのことで、その組員たちが、会長宅の大掃除をしにくるというのは急な話やった。

これがァ、また、大層な出来事になるんや……。

大掃除の当日。朝の10時には直参たちが会長宅にやってきた。

前に、奇想天外なナタの叔父貴の話題に触れたが、そのナタの叔父貴がワシに向かっていきなり言うんや。

「おう、お前聞いとるやろ。さあ、誰がどこ掃除するか指示くれや」

そんなこといきなり言うもんで、なあんにも考えてなかったワシは流石にギョッとした。せやけど、考えてないと言えば「殺《や》られる」と、一瞬で頭を切り替えた。ワシは、脳みそをフル回転さして、直参たちの掃除当番の割り振りを決めた。なんともまあ、この大掃除はワシが動かさなあかんみたいで、まさにため息のスタートやった。

直参たちが皆、ワシの名前を次々に呼ぶ。

「てつゥ」

大掃除が始まってから3分。

「てつゥ、スポンジ3つぐらいくれや!!」

直参からのご指名や。

「てつゥ、マジックリンくれや!!」

今度は向こうから。

「てつぅ、スポンジや!!」

という具合に。1時間に、何回も名前を呼ばれることになるんや。全員が全員、掃除道具を探したり、取りに行くのが面倒やからや。せやから皆、めったやたらにワシの名前を呼びたがるんや。もお、フラフラですわ。

皆がてつてつと、ワシの名前を呼びたがる中で、ワシはワシで、指示も出さなあきまへん。せやから、段々何しとるかようわからんなってましたがね。ワシ1人だけが目まぐるしかった5時間の大掃除。ワシ1人だけが息が上がって終わりました。

最後にゃあ、ナタの叔父貴。

「てつぅ、段取り悪い。動き悪い。指示悪すぎやぞ？　お前、来年の大掃除もこんなやったら、ワレェ、殺してまうど。よお覚えとけ」

言われる始末……。最悪な1日はこうして終わるんや。

あの場で、ナタの叔父貴に殺られるか思うたわ。

せやけど、なんとか命は繋がったみたいや。ホンマたまんねえ。ナタの叔父貴って奴や。あのたまんねえ叔父貴とは、1歩、否、10歩以上は距離をおかなあかん思うとった。

せやけど、こっちがなんぼ距離置いても、いつかは無茶苦茶な理由でどつかれるやろと覚悟はしておった。ナタの叔父貴の人間性を、こういう化け物なんやと受け入れた日でもあった。

その後の会長宅住みでは、何事もなかった。ただ、ひとつの笑い話を除いては……。

悪ふざけ

ある日のこと、秘書から告げられるんや。

「今日、電気屋来るからモニター室な」

そして、昼頃に来た電気屋をモニター室へと案内して、茶を1杯持っていく。作業は1時間ほどで終わった。

「立ち会いお願いします」

作業員がワシにお願いしてきた。

「かまへんよ」と、ワシはモニター室のドアを開ける。

瞬間、我が目を疑う。

苦笑いも作り笑いもできない状況やん……。

なんと、天井の左端に、見たこともないめっちゃでっかいパトランプ。そいつが取りつけられとったんや。大人の拳4つ分ぐらいある化け物や。いや、5つ分ぐらいやろか……。

で、これ、確認お願いしますと、電気屋がスイッチボタンを渡してきたんや。

ワシは、無言でボタンを押した。音はないが、部屋中がめっちゃ真っ赤。もはや、ワシらがパトランプの中に入ったかと思う状況やった。

そして、あの鳴くような音……。

ヴォン、ヴォン、シャーッ、シャーッ。

なんでやねん！　と。中で回るランプの羽の音がヤケにうるさかった。

その日の夜、会長が帰ってくるとワシに言った。

「電気きたかァ？　ボタン貸してみろ」

と。ワシからスイッチを受け取ると、ぽちっとスイッチを押した。

すると、パトランプはブンブンと、防犯カメラの部屋を真っ赤に染める。

夜にこれが回るのか……。

ランプの羽を見ながら、絶望の顔を見せるワシの顔を見ながら、会長と秘書は揃って大爆笑しとった。パトランプの真っ赤に染まった羽は、今にも羽ばたきそうな……。

「これ押したら3階来いなァ」

会長が言う。しかし、その日からワシは、めっちゃでかいパトランプも加わって眠る羽目になったんや。部屋が真っ赤に染まれば3階まで走る。そんな生活に追われることにもなった。

酷い悪戯《いたずら》すなャァ。

少しの出世

宅住み生活も、1年ほどを過ぎた頃、親分が会長に申し立てたみたいや。

「てつを事務所、戻して、他の若い衆を宅住みにお願いします」

会長に言いにきたという。突然、ワシの宅住み生活が終わることになる。あっという間やった。少し寂しい気持ちはしたが、ワシは若衆の身や。会長や親分が決めたことに従う。ただ、それを全うしていただけや。すぐに荷物をまとめると、交代の若衆が来た。

会長に挨拶をする。そして、自分の組の事務所に向かって車を走らせるのやった。環境が変わるといっても、案外にあっさりとしとるものや。それでも臨機応変に、その時々の状況や環境に合わせる。上の判断を見ながら対応していかなあかんかった。

事務所に戻ると、再びの部屋住み生活が始まる。

せやけど、会長宅住みしとる間に、何名かの部屋住みが増えとったりもした。

ワシは先輩極道で、「宅住みをゼロからスタートした人」と思われとった。事務所から1年ほど、離れとる間に……。先輩極道にもなって。少しだけ、偉くもなったもんやと。

雑用も、ワシがやる分は少しだけでよくなってもいた。逆に、若頭や親分のように、ワシよりもだいぶ、役職が上の人たちと、世間話をすることの方が多くなっていた。

ワシも、この世界に入ってから3年の時が過ぎた。そんなこともあり、こうして先輩極道たちと話をする機会も増える。すると、組の中の様子もだいぶ、わかってくるようになっていくんや。

その話ん中で、親分についての話題になる。親分が詰めた2本の指の話や。

ワシら、若衆たちに話す親分の言い分はこうや……。

①極道同士の喧嘩のけじめ

②組の商売の失敗のけじめを代表として被った

このふたつのケジメ。責任を、それぞれ指で取ったと、さもありなんことをよう言うてましたわ。それが、他の先輩極道たちの話によるとこうや。

「ただのシャブの失敗」

それも2回ともや……。

けじめけじめ言うとったんは、ただの自分事のシャブのせいでヘタ打って指落としました。チャンチャン……っていうやつやん。

ワシの親分に対するイメージが崩れる。

指詰めたんは、極道の喧嘩のケジメと組の責任を取ったから言うて聞かされとった。そんな人やと聞いとれば、親分の気性が乱暴なんも気難しいところがあるのも、我慢するやろ。せやのにホンマは傲慢なだけの人間やった。ある日には、「親分の口は天下一品」なんて言う人もおった。口がものすごくお上手やと。そんな話を聞いたら誰だって……せやろ。自分のあくどさをごまかすために、嘘に嘘を重ねてたってことやろ？　ワシが男気ある思って尊敬していたのは、口車がうまいって陰で言われるような、最悪な男やったなんて……。

モノ思うこと

ある日、親分がワシに言う。

「てつぅ、出前取るぞぉ。ワシ、カツカレーなァ。事務所の金庫から出してくれ」

ワシは金庫を開けてみる。しかし、そこには何もなかった。

「親分、金庫のどこですか？　見当たりませんよ」

何もなかったことを親分に伝える。

「てつぅ、出しとけや」

親分が言った。

この日から、親分への不信感が拭い去れなくなっていく。ワシの歩く道が変わっていくことになるんや……。

ある夜のこと、親分と客人が飲みに行くというのでお付きをすることになる。午後10時から夜中の1時ぐらいまで飲んだ親分を連れて事務所へと戻った。

「てつぅ、金庫の銭持ってこい」

事務所に着くと、すぐに親分が言う。

え？　や。ワシは「事務所の金ですか？」と聞き直す。

「じゃかましい!!　金庫言うたらひとつやろうが!!」

と、そう言われたので急いで持っていく。絶対あかんやん……。そのうちヘタ打つヤバいやつやろ。そう、思うとった。

「ワシ1人で出かけるから付きはいらへん」

金を手にした親分は、そう言うて出かけていった。

それから1週間ほどが経った日のこと。ワシは親分と昼飯に出かける。払いはワシやった。もう気づいてもうたんや……。親分には、常に金がないということに。


その日の夜、若頭に報告する。

「親分との行動や小物にかかる金、全部ワシなんですけど」

「ああ……大銭とか事務所にかかる経費は全部ワシや。昔から親分、大銭はワシ。小銭は誰かに……、払わすんや。金庫に入る銭は、全部自分の物や思うとるからなぁ」

当たり前のようにこんな話をされた。

この時、ワシの親分に対する気持ちは一気に冷めた。ただ、極道の世界やから、色んな形があるんやから……と、自分に言い聞かせて極道生活を続けとった。

と、ある夜のことやった。親分が怒り心頭に発して先輩極道2人を連れて帰ってきたんや。机の前に、2人を正座させて殴りながら……。

「おどれら!!　ワシが銭ないの知っとって、飲みに行っとんのやろが!!　なんや！　コジキとでも思うとんのかボケぇ!!」

ボコボコに殴り倒しとった。

次の日、先輩に話を聞きに行った。昨日、飲みに出て親分とばったり会うてしもたらしい。酒癖の悪い親分は、自分があまり飲みに行けない腹いせに絡んできたという。

ワシは、完全に心が折れてもうた。こんな親分の下に、ワシはおれん。

心底思った。その日の晩やった。

「すみません。明日、指落として組を出ます」

若頭に覚悟を口にした。

「まあ、言いたいことはわかるわ。指、なあ。あ、明日事務所におるん、夜はワシだけや。夜中の1時には寝るわ」

ワシを、この組に誘った若頭の、最後の温情や思うた。

指ィ、落とさんでも、明日の夜1時に飛べやいう合図やった。若頭が、どない思うとったんかは知れんが、ワシが何も告げずにいなくなっとったら、追いかけてきたやろか？ナタの叔父貴はこの話聞いたら、血相変えて追いかけてくるやろか……。親分の独裁ぶりを許容しとった若頭がワシを思うて、組のために指落とす必要はないと、判断したことは確かやとは思うがな。

なんだかあっけなかった気もする。せやけどこうして、次の日にはワシは、若頭に言われた通りの時間に逃げ出し、極道として成長した初めての組を後にするのであった。

「極道に入るきっかけは？」

なんていうことを、よく聞かれる。

真面目に、事務所の門を叩いて「極道になります!!」なんて人間は、少ないと思う。大体が、知り合い。または、知り合いの知り合い。顔見知りの極道に声をかけられて。そうやってこの世界に入る者が多いとワシは思う。ワシも、きっかけはヤクザの先輩との交流やった。

知り合いやからと、若さゆえに極道への一歩目はこうも簡単に軽く考えてまうのかもしれん。形よく見えとった若頭に誘われた。極道に入れば待っとると。だが憧れた世界は、ワシが想像しとったような、きらびやかな世界などとはホンマにほど遠かった。

18歳のワシが、親の善し悪しで組が左右されるなんてことは想像すらでけへんかったのは事実。結果、尊敬できんようになった親の下で、極道を貫くことはワシにはできんかった。せやから、極道を貫くよりも、指を落とす覚悟を決めた。指を落とさずに飛べたことは運がよかったのかもしれん。

この世界に、軽く足を踏み入れたことの失敗から学べ。そう思った。

極道に入ってワシは、耐える精神。プロの根性。プロの暴力。時には、破天荒で無謀なこともやけど、礼儀を重んじることや、所作をすごく学んだ。何よりも極道は、想像してるよりも随分と苛酷で、ちゃらんぽらんな人間では務まらんことも、親分についていく覚悟を決めな務まらんということも肌で感じることができた。

せやから、失敗だけやない。得たもんも、大きかったともワシは思う。

人生初めての極道生活の幕は自分で閉じた。先のことなどわからへんけどなるようになるやろ。

ホンマかいな……。

第三章 自由

ヤクザをやめるとどうなるか

組を抜けた後の生活

ワシは18歳で入門した組を、3年をいくぶんか過ぎた頃に飛ぶように抜けた。もはや、尊敬すらできんくなった親分。その傲慢さにつき合いながら組におっても、これ以上得るものはない。どころか、親分の飯代やなんやとワシの少ない懐から絞り出さなあかんことも、馬鹿らしく思えとった。

ワシがおった組は、ごっつい厳しい武闘派の組やった……。見つかったら終《しま》いや。ワシは保身のために、組のある県とその近隣の県からは遠く離れた場所に根を張ることに決めた。そこまでせな、探し出されれば連れ戻される。半殺しの刑や。運がよかったら、首の皮が一枚繋がっとるかどうか……や。

極道の世界では、飛んだ人間や絶縁《ぜつえん》にした元組員。そいつらが、組の近くでのうのうと生活しとると「あそこの組は舐められとる」そう、みなされるもんや。極道が舐められたら終いや。せやから制裁もごっつい。組を抜けた者はほぼ、所払《ところばら》いの状態になっとると思うた方が正解やろう。

こうしてワシは、根を張ることに決めた新たな土地に移り生活を始めることになった。すると、今までの反発がドッと押し寄せた。「親の言うことは絶対」というがんじがらめの生活……。

そこへ、自由という快楽がワシを解放した。悪さ祭りかいうように、色んな悪さをしては弾けて飛び回っとった。

当時のワシは運がないだけや思うていた。幾度か捕まったりもした。極道の道から外れたといえど、ワシかてまだまだ若かった。いつもギラギラしとった生活の習慣というものは簡単には消えない。これまで悪さだけの人生やった。

薬物もやった。喧嘩なんぞワシの好物や。どこからか喧嘩の臭いを嗅ぎつけると水を得た魚のように飛んでいっては暴れまくった。ただし、相手が極道でなければや……。

こんな生活に溺れていた中で時は経ち、組を飛んでこの地に根を張ってから3年を過ぎた頃やった。ワシは金庫の金を100万円ほど、こっそり盗んだ罪で捕まった。

ワシはガキやった。自由をはき違えておったのやろう。

この一件では流石に少し長めのお咎めを受けることになる。留置場に約2カ月と拘置所には約4カ月で合わせて半年。執行猶予は4年やった……。刑務所行きにならずに済む事件にしては、少し長めの判決や思うとった。そしてこの半年の勾留生活。ワシの人生の歯車がまた、ぐるぐると回り始めとるいうことまでは知る由もなかった。

兎にも角にも出会いゆえ

笑い話にもならんが、当時の女と自分の誕生日に楽しく祝いごとをしている最中やった。

突然、刑事がワシを捕まえにきて留置場に収容された。100万円の窃盗がバレたんや。留置場には何度か世話になっとる。何も考えずにいつものごとくと入っていった。

「ここや」とひとつの雑居部屋に入れられたのだが、そこにはすでに先客が2人おった。

ワシは先に挨拶を述べる。

「てつです。一緒の部屋で頼んます」

すると、太った方がワシに質問し始める。初めてですか？　罪名は何ですか？　などなどと。

これは「捕まった時あるある」の話なんやが、やたらと留置のベテラン面したがる人間がいてる。この留置では少し顔利きまっせ的な先輩風吹かす奴や。その先輩風の太っちょのワシの感想は、ただのその辺にいてる太った若者というのがせいぜいやった。

留置場の雑居部屋では数人が床を共にする。皆に上手く合わせておけば自然と各々の人間性、どういう人間かがわかってくるものだ。同室の2名はワシより年下やった。一応タトゥーや刺青を入れていて色々とヤンチャしてる様子ではあった。

ワシは、入り口とはいえ極道の世界を経験している。ヤンチャな若者の対応や、何言うたら喜ぶかなどは熟知しとった。不良、チーマーなんぞは子どもにしか見えへん。そういうワシの雰囲気からか単に年上だからか、ワシに少し気を使う2人を上手いこと立てながら皆でくだらぬ笑い話をし合った。どの罪で捕まればどないや、などと話してはそれなりに楽しい日々を過ごしていた。

そんなある日、他の房に入っとる人間が、看守と牢屋越しにでっかい、でっかい声で喧嘩し始めた。ワシは用事で他の看守と話をしていたのだが、でっかい耳障りな声が邪魔くさくてこちらの話が聞き取りにくかった。

「すまんが、こっちも話しとるさかい。声、もう少し小さくしてくれんかァ」

大声で吠えている人間に言った。すると看守に吠えていた人間がワシに矛先を向けて、なんやかんやと絡んできはりましてね。

拘禁生活でストレスが溜まっとる状態で喧嘩を売られたら、まだまだヤンチャな人間はすぐに着火ですわ。ワシは牢屋越しに、顔も見えぬ相手に向かっておどれすどれと言いまくった。挙句の果てには牢屋内をどつく蹴ると暴れまくっとった……。するとすぐに他の階からビデオ部隊が飛んできたので、ワシも相手もひとまずはと静かになった。

留置場で暴れたりしていると、ビデオカメラを片手にビデオ部隊と呼ばれる看守がすぐにやってくる。そして、カメラが回っている中で暴れていたらそのカメラを証拠に懲罰などになることがあるのだ。

事が鎮まり、2時間ほど経過して洗面の時間が始まった。部屋ごとに房から洗面所へと移動して顔や歯を磨くのだが、この時間に手錠などはない。何かが起こってはいけないのでと、看守がいつもより増えるだけである。

ワシは腹の虫がおさまってはいなかった。そしてふと、あることを思いついたんや。自分の洗面の時間に、邪魔くさいでっかい声の人間の牢屋開けて一発、どついたる。牢屋にはカギはかかっていなかった。外側からならすぐに開くのも看守を見て知っていた。

そして、ワシらの洗面の時間がきた。ワシは冷静で、怒りはおさまっているというフリをして洗面所に向かった。極道を辞めて以来、久々にドキドキとしていた。いや、ワクワクしていたのだろう。

まず、歯を磨き始めて横目でジロリと対象の部屋の位置を確認した。看守の位置も横目で確認する。意外に皆、完全に気が抜けている。続いて石鹸で顔を洗う。

瞬間、ワシは行動に出た。ホンマにコンマ何秒の世界やろう。

「ワシはてつ言うもんや‼　舐めとったらぶち殺してまうど‼」

対象の部屋に走り寄り極道時代に培った野太い声で罵倒した。外から2発3発、牢屋をどつき、カギがかけられていない扉の取っ手に手をかけ半分ほど回し開けた。と、追いかけてきた看守に取り押さえられるも、1人は振り払って突破した。思うたが……。あっという間に5、6人の看守に囲まれ、ワシはあっけなく捕まった。意外にも大きな問題にはならなかった。その代わり危険人物と認定されたのか、次の日からは1人部屋の独居に移されたんや。

留置場生活にも運動という時間があり、1日の中で数十分ほど外の空気に触れることができる。この時間だけ、他の部屋の人間と話したりすることができる。

洗面事件を起こしてから2、3日後、いつものように運動へと向かうと、そこにワシを独居へと走らせた邪魔くさい声の人間がいるのを見つけた。このボケ‼　と睨みを利かせながら近づいていこうと足を踏み出した。その瞬間。

「おう！　元気ええのう。お前の名前はなんや？」

左手から誰かに話しかけられた。パッとそちらを見やる。

あっちゃ～。これは完全面倒なことになるパターンやとわかった。

声の主は半袖に刺青全開、サイドを刈り上げた髪型はどっからどう見ても極道や。その主が風を切りながらワシに話しかけてきとるんや。ワシは邪魔くさい声の人間を細めた目でチラっと睨み直した。

「はい。てつと言います」

「ワシは××会系〇〇組の林や。てつ、言うんか。留置内で威勢いい喧嘩しとるやないか」

刺青全開の男が言った。

「兄ちゃんやろ？　こいつと喧嘩しとったのは。やめときやァ、たぶんお前負けるど。てつの方が覚悟しとる顔しとるわ」

そして今度は、ワシの喧嘩相手である邪魔くさい声の人間に言った。それと同時に、極道の運動の時間が終了した。

「ほなほな、また運動でなァ。てつゥ、相手はシャブの累犯《るいはん》や。そんなん、とことんまでいったら損するだけやぞ」

刺青全開の男はそう言って戻っていった。邪魔くさい声の人間はシャブの累犯やった。

ワシが話しかけるとシャブの累犯は謝った。体が小刻みに震えていたのがわかった。

そうして、留置場での揉めごとは終わった。

ちなみに、皆イライラしているためにちょこちょこと揉めたりはする。だが、数日経過したり、誰かが冷静な言葉を言って収まるようなことがほとんどであった。

約束

もしかすると……。

思った通り、次の日の運動の時間も昨日に続いて極道がいた。

「おはようございます」

雑居で同部屋だった2人と一緒だったワシは、すぐにと極道に挨拶をした。

そして、この2人も少しだけワシに加わり大声を出していたため、極道の前に全員で並ぶ。

「夜の大声で耳障り、すいませんでした」

皆で揃って謝る。

「ん？　この2人はてつの若い衆か何かか？」

そう言わはる。

「違います。雑居で一緒だった2人です」

「大体予想できるんやが、てつはどっかの極道の準構成員か？　それとも元組員か何かか？」

そう聞かれる。

まじか……。一番聞かれたくない質問やった。

正直に言うて、外に出たらワシのおった組に連絡するんちゃうんか？　と、いう不安でいっぱいになった。ワシは言葉が出ずに止まってもうた。

「心配すなや。別にどうこうせえへんし、留置内の話を外に持っていくような格好の悪い人間ちゃうわワシは」

見透かされたようにそう言われたワシは変に、別にこの人に元の組言うたかて大丈夫やろ、そう思った。

素直に組の名前を答える。

「おお、ええとこやないかい」

極道は一言で終えた。それからは運動で一緒になると、互いに極道談議に花を咲かせていた。実はこの極道、最初はわからなかったが、だいぶ偉い組のすごくいい位置に就いとる親分さんで、地元でも有名な人間であったのだ。

こうした出会いのある生活の中で何週間か過ぎた頃、看守から1枚の手紙を渡された。拘置所への移動決定の知らせであった。罪を犯し逮捕されると最初は皆、留置場へと勾留されるのだが、その罪と自分の前科などにより、後に拘置所や刑務所へと移動させられるものなのだ。ワシは数日後に拘置所への移動が確定した。元雑居の2人には牢屋越しから報告をする。

「ワシ、拘置所に移動の紙来たわ」

そして運動の時間には、やはり一緒になった極道へも伝えた。

「数日で移動になります」

「ホンマかいな。ワシは2週間で間違いない。パイやから。出たらァ、面会行ったるわ」

「ありがとうございます」

とだけ返しておいた。

「パイ」とは、不起訴のことで、2週間後には無罪放免どこにでも行けるいうことやった。せやけどワシは、面会かてどうせ口だけ。絶対こおへんやろと思うとった。

大体において、捕まって知り合った人間たちは口だけ同士の顔見知り程度の関係が関の山やいうことですわ。そして残りの数日、何事もなく留置場生活を終えた。

移送、再び

ワシは拘置所へ移送された。

再び独居の中での生活である。留置と同じく運動は5人で、他の部屋の人間と同じく過ごす唯一の時間やった。留置場と少し違うところと言えば、拘置所になると極道の若い衆や重罪の人間がちらほらといてるような状況ぐらいである。

初めて会う人間も皆、エロ話や薬の話など共通の話題で盛り上がる。運動の時間なども、ワシにはくだらない笑い話を皆でするような楽しい時間となり、どちらかと言うとその時間を待ち遠しく感じとった。留置場生活とさほど変わりはなかった。

そして2件ほど事件は起きる。

ひとつは、横の房にいたおっさんが、独居内でドッタンバッタンと、常置している水筒で、壁やドアをどつきまくって大暴れしとったんや。せやけど、理由はわからない。

ワシは参考人として、看守から話を聞かせてくれと質疑応答せなあかんことになった。無茶苦茶やろ……。横の房におったところで、おっさんの部屋の様子など見えるはずもなく、声だけで質疑応答されたところで最終的には説明のしようもないのだ。

「無意味過ぎるやろ」

看守に言うた。

「一応決まりなんで、聞かなければならないんです」

なんて、抜かしやがる……。形だけのお役所仕事や。

もうひとつ、皆に嫌われている看守がいたのだが、ある日、ホンマに漫画みたいな青タンを目にこしらえてやってきたんや。周りの人間は、どこかのヤクザが入り口から腕だけ出して、裏拳でどついたのだと言っていた。

独居には、宝くじ売り場の受け取り口のような穴しかない。その穴から、飯や本などを受け取るのだが、そこから裏拳をかましたのだという。なかなか器用にどつくもんやと感心してまうが、看守も看守で油断できへんなあと、余所事《よそごと》をただ眺めとっただけである。ワシ自身は、ただただ平和であった。

必然

「面会や」

紙を渡される。確認しろと中を見ると、ワシは驚くことになる。

まさしく、留置場での約束通り、あの極道の親分さんが面会に来たんや。こちらの方が、ワシには遥かに事件やった。正直、捕まっとる時の面会や差し入れはごっつい嬉しい。

もちろん、親分さんの面会には多少なりとも裏があるような心配もあった。せやけど、こんな状況や。心配よりも、嬉しさの方が上回った。久しぶりの再会となった親分さんとの会話は、ただただ、雑談やった。

「後日手紙送ったるからなァ。そこに電話番号書いておくから、刑務所行きならんかったら、連絡くれや。飯ぐらい食おうや」

言い残して帰っていった。

この日からちょこちょこと、出た後のことを考えるようになった。親分さんに連絡していいモノやろか？　何か罠があるんちゃうん？　頭をよぎる日々が過ぎていき、裁判の判決の日を迎える。ワシは、刑務所行きとなることを覚悟していた。しかしなんとか、ギリギリのところで執行猶予の判決が下される。ワシには「晴れて」の結果やった。晴れて娑婆に出られるのである。

祝杯と予想外

ワシは勾留生活を半年送っていたのだが、何とか家はそのまま確保できとった。しかし、銭はないに等しい。職も収入もない。そんな時やからやろか。何気に親分さんに電話をしていた。

「お疲れ様です。少し前に何とか出てこられました」

「おお、てつか。出られたんかい。よかったやないかい。ワシが、女にやらしとる店があるから、放免祝ったるからなァ。明日、○○駅に6時ぐらいに出てこいや」

そう言う、親分さんの声は、すでにワシの心を少し、揺らしていたのかもしれん。

次の日、ワシは日本酒を1本土産に買った。親分さんとはもう一度再会の挨拶をする。店では、親分さんの組の人間や親分さんのブレーン、店に来ていたお客までもが、ワシの放免を祝ってくれた。

皆、極道や悪好きである。それが何となくええなぁと思う空気感やった。しかも親分さんがごっついワシのことを立てるんや。

「てつは牢屋開けて、どつきかける喧嘩するわ、数日で雑居の若い衆手なずけるわ、イケイケやぞ!!　礼儀もきちんとできとるし、ええ奴や」

そういった感じで、多少話を誇張したにしても、まるで自分の自慢話のように話してくれるんや。正直、そんな風に言われれば誰だって、嬉しくて気持ちええ気分になると思う。ワシの、この立場からしたらことさらに。

しかし、ワシかて一度は極道を経験しとる。これはこれで親分さん流のアメ、この先何があるかわからんやろうと、心の底では強く思い聞かせていた。それにしてもものすごく気分のいい嬉しい放免祝いやった。親分さんからはこの後も連絡がたまに入った。

「何しとるんやァ、暇やったらいつでも出てこいよ」

そんな、電話やったり。

「たまにゃあ、飲みに行こうや」

などという連絡がきたりしていて、ちょこちょこと仲ようしてくれていた。

放免祝いから1週間ほどが過ぎた頃、夜に用事を済ませて帰宅しようとマンションの廊下を歩いていると、2人組の男が少し早歩きで近づいてきた。

「こんばんは、てつさんやな」

声をかけられる。

「は？　誰や」

額にシワを寄せて、今にも飛びかからんという眼光で振り向きざまに睨む。

「警察や。逮捕状出とるからなァ」

逮捕状を見せられた。

ちょっ、待てや。それしかない。

「ワシ、心当たりないぞ？　出てまだ1週間や。ホンマ頼むって」

そう言うも空しく、手錠をかけられて覆面パトカーに乗せられた。

「お前、ピリピリし過ぎやろ。いきなりあんな飛びかかってきそうなオーラで睨んどったらあかんで」

刑事に言われた。

「そりゃ、後ろからいきなり知らん人間にフルネーム呼ばれたら身構えるやろ」

そう言い返すも、その後はあまり会話のないままに警察署に着いた。罪状は不法侵入や。刑事に内容を聞き、あまりの納得のいかなさにおどれすどれと言いまくった。

「ワレェ!!　警察署燃やしてまうど!!」

などと、怒鳴り散らした。

知り合いから、別れた男と住んでいた家に、服などを取りに行くのを手伝って欲しいと言われた。一緒に荷物を運ぶために部屋に入ったのが不法侵入やと言われる。ちなみに、知り合いが鍵も持っていて部屋のドアを開けたし、元恋人同士や。今でも納得がいっていないというのが本心や。そのままワシはまた、留置場に放り込まれた。

弁当箱

2週間ぐらいが経った頃やろか。相手が告訴を取り下げて、これが晴れてというもんで、ワシは娑婆へと帰ることになった。

心の中ではやっとかと思った。無駄に豚箱くらわされた腹の虫がおさまるわけもなく、娑婆に出た翌日には、ワシに頼みごとをしてきた知り合いの女を呼び出した。

　ワシを告訴したこの女の元彼氏という奴は、大手会社に勤めとる人間。クソみたいなことしやがるくせに、他人に大層なことを抜かしおって、のうのうと生活しとった。そのお礼や。

「○○と申します。そちらの会社の××さんとはおつき合いしていたのですが、私の下着やバッグなどを返してもらえません。それと、今までおつき合いしてきた女性たちとのいかがわしいエッチな自撮りまでも処分してもらえていません。私も返してもらえないと困りますし、いかがわしい自撮りも早く処分していただきたいので、いつまでも持っているのはやめて下さいと、伝言願えますでしょうか？　彼の社宅に行けばわかります。なので、必ず彼にそうしてもらえるように伝言をお願いします」

　女には男の会社に電話をかけさせた。この男がその後、会社でどうなったかなどはどうでもいい話や。ワシは性格が悪かったんやなあと、今では心底思えるんやが、この不埒《ふらち》な一件では、検察官に危害を加えていたかもしれんほどにワシはイライラとし過ぎとったんや。

ほうれんそう

こうして少しは腹の虫もおさまり、ワシは親分さんに連絡をした。

「お疲れ様です。てつです。差し入れありがとうございました。予想通り出てこられました」

「おう‼　てつぅ。出てきたんかァ。内容はわからんが、よかったやないかい。近いうちに、出てこい。酒飲みながらでも、楽しく話そうやないか」

親分さんに言われた。数日後には、親分さんと飲みに行くことになる。

脈々と、ワシの極道人生の歯車は、自分でも気づかぬうちにゆっくりと、音も立てずに回り始めていたのである。

報告連絡相談っちゅうもんは、どこの世界でもきっちりせな、あきまへんのや……。

仲間

久しぶりに顔を合わせた親分さんの隣には若い衆が1人、付いとることに気がついた。

「初めまして。てつといいます」

「おう、こいつは最近、運転手込みでワシに付いとる黒田や」

　ワシが黒田いう運転手に軽い挨拶を交わすと、親分さんが黒田をワシに紹介した。

「ご苦労様です。黒田いいます」

　これまた軽い挨拶が返ってくる。正直、ワシは親分さん以外には興味がなかった。黒田の第一印象は、失礼ながらもチンチクリンといったところで、極道の雰囲気も何もなければワシが興味を惹かれる人物像ではなかった。

「てつはァ、すぐに捕まるし、喧嘩もすぐにしよる。まったく、極道に近い人間や。ワシが、ごっつい好きな男や」

　親分さんのスナックに着くとまた、気持ちよさそうにワシの話をしてくれとる。

　親分さんと飲み終わると、黒田がワシを送ってくれることになった。その車の中で簡単に話をして、黒田という男が何となくわかった。元々は中途半端な半グレをしていて、窃盗で捕まり、ワシと同じく親分さんと出会い組に入ったという。日はまだ浅く、組の中ではぺーぺーやいうこと、金作りも暴力も下手くそで運転手やいうこと。親分さんに言われたことを、組員たちやブレーンに電話連絡する役目をしていると言っていた。おまけに昼間は普通に働いとるいうことやった。なお黒田とは、この出会いをきっかけにワシの大麻商売の一端を担ってもらうことにもなる。

癖

それから3カ月が過ぎた頃、久しぶりに親分さんと飲みに行った。

いつものスナックに行くと、親分さんが小さい頃からの知り合いやいう、少しイケイケの居酒屋を経営しとるいうおっさんがいた。親分さんはこのおっさんと世間話をしていたのだが、ワシはおっさんの親分に対する態度が気になって仕方がなかった。なんせ、上から上からで喋るわ、偉そうにしかモノを言えん様子。親分さんは笑顔で話しとる。

「お前は……」

「ワシなら……」

「若い頃ワシはああしてこうしてヤクザなんかしょぼい……」

「人数いても……」

聞いとるワシが、今にも飛びかかりそうなほどや。付きで上がってきていた黒田を見ると、普通の顔しておる。

我の親分やぞ。普通、怒るやろ。なんじゃコイツと、黒田の底を疑った。ワシの横ではくだらぬおっさんの与太話が続いとる。

「だからァ、お前はまだまだあかん。しょぼいんや」

親分さんの頭を叩いた。

反射やった。

我慢の限界に達していたワシは、おっさんを押し倒して馬乗りになっとった……。

「ワレ!!　さっきから何偉そうにぬかしとんじゃボケ!!　堅気やろが何やろが、行儀悪すぎるんちゃうんかい。殺してまうど!!」

ワシはそのまま立ち上がり、おっさんの襟首を掴んだまま引きずりながら外に出ようとした。

「てつぅ、気持ちはわかるが、もう、やめとけ。酒入って酔っとるアホやから、酒ェ醒めたら敬ってきよるんや」

親分さんが少し大きな声でワシを止めた。

「おっさん!　ワシの目の前で次はないど!!」

ワシはおっさんの襟首を振り払いながら、釘を刺した。

ワシの悪い癖や。行儀悪い人間にはちと手が早い。

ましてや、ワシを可愛がってくれとる親分さんに対する何様加減には、腹の虫も限界をとっくに超えとるいうに……。頭やで？　そりゃあ、そやろ。ただ、見とるだけの組員差し置いてでも、堅気やとしても。ワシの、これまでの人生の癖が出たんやな。

立てるべき男を見下されて、黙っていられるわけがないやろォ。癖や、癖。先のことなど考えもせずに、ただ、手が先に出ていたいうだけの話や。

自然

「黒田ァ、車回して来い。帰るどォ」

ワシも、親分さんと一緒の車に乗り込んだ。

「黒田ァ、てつは堅気やけどのォ。極道なら、今日の件は間違うてないしな。お前が極道として、足らん一面や。こんなとこからも学べやァ。わしゃあ、久々に気持ちがよかったわい。黒田ァ、お前も極道や。暴力的な面は必ずいるからな」

「てつゥ、気持ちは嬉しいがこんな時代や。こんなことで捕まりでもしたらもったいないぞォ。少し我慢も必要ちゃうか？　せやけど、お前にもスタイルあるやろォ。ワシは嫌いなスタイルちゃうわ。てつゥ、行動隊長の役職でワシの組ィ、入らへんか？　考えといてくれや」

「考えときます」

それだけを言い、頭の中をフル回転させて考え始めた。

ワシは、極道時代の経験を思い浮かべた。極道の世界を知り、初歩から全ての所作を学んだ組やったが、結局は飛んで後にした過去や。

その組の人間たちが頭をよぎる。組員の前と外での顔がすさまじく違う者。えぐいことしよる上にも、逆らえん組織図。殺《や》られる思うとった破天荒の武闘派……。

何か裏があるんやないんか？　ただの人数集めちゃうんか？　親分さんの組員側の顔は大丈夫やろか？

そして、疑心暗鬼に陥る。ワシはそれらを、頭の中で整理しきらんくて、簡単には、そしてすぐに返事はできへんかった。

数日後、親分さんと再び晩飯を共にしとった。

「おう、ご苦労さん。今のォ、最近よう話しとった、てつと飯食うとるから、顔出せや」

親分さんは、口早にそう言うと電話を切った。

「てつ、今からワシんところの舎弟頭来るからのォ。まあ、顔覚えて、挨拶交わしときや」

ワシはある程度の極道を見てきているので、特に緊張しなかった。30分ほどで、舎弟頭は姿を現した。

「親分、ご苦労様です」

「おう、ご苦労さん。こいつが舎弟頭やらしとる山本や。まあ、仲ようしろな」

店内に入ってきた舎弟頭とワシに向かい、親分さんが仲介役となった。

「てつと申します。今後、色々とよろしゅう頼んます」

言葉の意味などないに等しい。建前だけの挨拶をした。

「おう、お前がてつかァ。親分がよう話しとるわ。よろしゅう頼むでェ」

山本もまた、内容のうっすい挨拶をした。この男、見た目は50代。スーツのデザインも古く、少しだけ厳《いか》つい顔してはいるが、普通のおっさんに見えた。

当然

親分と3人で食事をしていても、山本の所作は0点や。会話といえば、下ネタや話の種にもならぬような会話ばかり。正直、この山本という男ができる男には見えんかったもんで、役職貰《もろ》うとるいうことが不思議なぐらいでしたわ。運転手の黒田といい、この山本といい、失礼ながらも、親分さん大丈夫やろか、なんて……。

数日後、親分さんに銭湯に誘われた。2人とも脱衣所で服を脱いでいる。

「てつゥ、今日は若頭やらしとる人間来るからなァ。挨拶しろな」

随分と急な話やったが、こんなもんやてあまり気にもしてへんかった。ふと見ると、親分さんの後姿には、全身に厳つい刺青が入っとる。いかにも極道や、いう圧巻の後姿を目の当たりにすると、ワシは自分の小さな刺青を恥ずかしく思うた。ガキやったが、ヤンチャ心というモノからやろか。本物を目の前にすると、中途半端な自分を情けなくも思ったのやろう。そんな思いも露知らずの親分さんと、サウナに入り熱い体を冷ますためにも水風呂に入る。

「おう!!　てつゥ、若頭来たぞォ。今着替えとるのが若頭や」

ワシは親分さんが言う脱衣所を、透明なドア越しから見た。しっかりとは見えぬが、影形はくっきりと見えた。身長は、何センチやろか……。横幅もやたらとデカい。とにかくデカい。その影形の人間が、服を脱いでいるのは見て取れた。

マジか。プロレスラー……やん。

どデカい体に全身の刺青。ありゃあ、やべえ、ヤツやろ。

ワシが呆気にとられていると、服を脱ぎ終えた巨人は透明のガラスのドアを開けた。顔のサイズ、体のサイズ、全身に入っとる刺青がはっきりと見える。人間っちゅうもんは、見た目やない言いますが、この男を一目見て「怖《こわっ》」と思わぬ人間はおらんですわ。今、ワシが目にしとる光景を見たら、そこらの半端モンはやべえと真っ先に逃げ出すのやろう。それぐらいに、見た目からしてホンマやべえ、と思う男に久しぶりに出会った。

挨拶を交わすために歩み寄っていくと、若頭もこちらに向かってやってくる。その巨人の背後からは『仁義なき戦い』のテーマ曲が、繰り返し流れてくるようやった。

「ご苦労様です。てつと言います」

「ああ。お前か。てつってのは。ワシは八木や」

見た目がヤバいだけやなく、口数は少なく何だか冷めている雰囲気やった。言うまいと努めてみても、他人が見たら恐怖で存在自体を全否定してしまいたくなるくらい、とにかくでっかくて厳つかった。若頭とはそれ以上の会話はなかった。ワシは皆が風呂から上がりそうなタイミングで先に出た。2人が出てくるとタオルを渡し、水と灰皿を長椅子に置いた。

「おう。気が利くのォ。前の組で風呂の所作も教えられたんか？」

親分さんのいつもの誉め言葉や。

「はい。しっかり。足元流し、背中流し、外に不審者がいないかなどを確認したり……」

などと、前の組で教えられてきたことを話した。

「てつは○×組におったんやろ。まあ、所作に厳しいのは有名やからのォ。ええやないかい」

若頭との初めての顔合わせは『仁義なき戦い』から始まり、誉めの言葉で締めくくられた。

ワシの印象では、親分さんと若頭が組をとことん引っ張り上げとる。他の組員は、極道としてはまだまだ仕上がってないいんやと感じとった。

生業

若頭との対面を終えたある日のこと、親分さんからの電話が鳴った。

「てつかァ。ご苦労さん。あのなァ、山本と一緒に動いてくれへんか思うてなァ」

「堅気のなァ、ごっつい金持っとったおっさんが、昔ィ、貸しとった金の回収なんやが。現役が前に出れんのや。詳しい話はおっさんに聞いてくれ。どや。手伝うてくれるか？」

別に捕まることではないやろう。堅気の話や。上手にやれば、小遣い稼ぎぐらいにはなるやろうと、ワシは親分さんからの誘いに乗ることにした。

「はい。いいですよ」

言葉短く返すと、その数時間後には山本と合流していた。早速、回収を依頼してきたおっさんのところに向かい話の内容を聞いた。

「何百枚も借用書があるんやが、これが全部期限切れなんや。どれでもいいから頼む」

回収金額の50%が、ワシらの取り分やと言った。

とある女の顛末

借用書は確かに、しっかりとした本物やった。少ない額で300万、多くなると数億という金額が書かれた借用書が数え切れぬぐらいに置かれていた。厄介なのは期限が切れた日づけや。蒔き直ししても分割回収、よくて一括回収という2択しか選択肢はなかった。それでも何とか数件でも回収してもらえたらいうことで話を受けることになる。

山本と債権者のおっさんでどの案件に行くかを決めた。

話をしにいくワシにおっさんがついてくる。現役の山本は表に立つことはできないので少し離れたところで待機した。1人目の回収や。覚醒剤が大好きな夫婦は500万。

マンションの玄関の前に立ち、ピンポンを鳴らした。出てきた女は若くない。

「元夫が借りた金や。そんなもん知らんし関係ない。連帯保証人にもなってへん。元夫は今刑務所や。半年したら出てくるさかい、金の話は元夫と話すんや」

こいつは難しそやなァ。半年後……。元夫を絡めな話は進まんやろ。

女の話を聞いていたワシが無理や思うとったら、ついてきとった債権者のおっさんが、なんやわめき散らしよる。女も気が短いようで、おっさんと口喧嘩を始めよった。それにしても、随分と古臭くて小汚いマンションや。血が上った2人の話では、女は50代で職業は風俗やった。

「ワシは社長の会社の者や。おい、おばはん。借りた金は返さんかい。それが筋ちゃうんかい。元夫だかなんだか言うても、関係ありまへんわ。2人で仲よう、楽しんだんやろが。せやなァ、払わんかい」

少しドスを効かせた声でワシが出た。

「こんな汚れたヤクザなんか連れてきやがって!!」

ヒステリックにわめき散らす五十路女は、ワシの性格を知らなかった。

「コラ、ババア!!　ワシをヤクザや汚れやよう言うのォ。ワレェ喧嘩売っとんのかい!!」

この頃のワシは、堅気ながらに血も涙もない人間やった。

「コラ!!　おどれらどポン中が!!　シャブに狂ってお金貸してもらいました。借りたときはご機嫌でしたが、今は返せませんやと？　挙句の果てには、50超えて風俗からも足は洗えません？　ワレ、随分と小汚い薄っす汚れたマンションに住んでまんなァ。しっかも、こんなマンションにガキ3人も詰め込んどるときよる。おう！　どポン中の末路いうヤツやないかい!!　ワレェ、喧嘩すなら相手、選ばんかい！　ボケ!!」

さらにドスを効かせた声でワシがそう言い放つと、五十路女の顔は段々と真っ青になった。そして、部屋へ逃げた思うたら、出てこんくなった。

小汚いマンションの部屋の前で、ワシらが待機という名の暇つぶしをしていると、サイレンが鳴って警察が駆けつけてきた。すると五十路女は、援軍が頼りと意気揚々と部屋を飛び出してきよる。援軍に息を吹き返したのか、駆けつけた警察にも、ワシらにもワーワーギャーギャーと、なんや、やたらとデカい声を出して叫んどった。ワシは冷めた目をして女を見ると警察に歩み寄る。

「金の問題ですわァ。手ェは、出してまへんよ？」

借用書を見せながら説明する。

「ああ、なるほどね。ワシらは入れん話やなァ。せやけど、今日はワシらの顔もあるさかい、帰ってくれへんかァ？　すまへんけど。借用書も、兄さんたちが被害者いうこともわかっとるさかい」

警察が帰らなければ用事などない。

「そうでっかァ。ほな、今日は帰りますわ。ああ、そうでした。この女ァ、こう見えても50やいうて、風俗で働いとるんすわ。オマケにどポン中やからのォ。いつまでもこんな、薄っす汚れた元夫の小汚いマンションにガキ3人も詰め込んで暮らしてんのや。元夫なァ、刑務所にいるでェ。調べたらこのゴミィ、捕まえられるんちゃうん？」

ニヤけた顔でワザと五十路女の顔を見ると、また顔が真っ青になっとった。この女は、いまだにシャブ中や思うた。

「近いうちにまた来るから金返してくれよ」

おっさんがそう言い残すと警察と五十路女をそのままに、ワシらはひとまずその場を後にした。

回収金0円。返せる見込み0円。最初に予測はしておったものの、こりゃあかなり難しい案件やという覚悟はしとった。

2億円

回収2人目は、元政治家のおっさんやった。回収額は2億円……。それにしてもこのおっさん、金持っとる時にどればどばら撒いたんやろか。考えながら玄関のピンポンを押す。さっきと同じく、ワシについてきとるおっさんがわめき散らし始めると口喧嘩が始まる。

「何のことですか?」

元政治家は、元々脳のない頭で絞り出した答えの一点張りで、それを繰り返すばかりや。仕方なく借用書を目の前に突きつける。

「何のことか思い出せへん。せやけど、えらい昔ですねえ。期限も切れとる。こんなん私も知りまへんわ。覚えのない金なんて払えませんわ」

今度は覚えがないの一点張り。

なんや、コイツ。裏の世界やったらとっくに殺されとるいうのにホンマぬけぬけとしよる。堅気かて、ごっつい悪い奴もいるもんや。

ある意味勉強になったが……。なんて言うてる場合やなく、今回も、一歩も進まぬ話にワシは入っていった。

「政治家さんよう?　一番あきまへんやん。うちの社長から2億借りました、やろ?　それ、1円も払わんと逃げ回ってからに。せやから、期限も過ぎとるわなァ。せやのに、知らない覚えてませんせん払いません?　2億やで?　普通に借りる額ちゃうやろォ。分割でも返さんかいや。人間としての筋通さんかい!!」

「近所に聞こえますからやめてください」

ワシの大声に元政治家はおずおずと家の中に入っていった。

　そのまた数分後、サイレンの音とともに警察がやってくる。

「はいコレ。借用書や。話し合いでおどれすどれも言うてへん。手ェも出してへんで」

「おお、2億ですか。これは必死にもなりますねえ。けど、今日は近隣住民の迷惑になるんでお引き取り願います。金額が金額なので、この後よろしければ署でお聞きしますので来ていただければ……」

　やってきた援軍は、今度は元政治家を諭し始める。

「お父さん、この借用書と金額。心当たりがあるなら、よく考えな大変になったら取り返しつかんくなるで？」

　アホらしい与太話など聞いとる暇はない。ワシらはその場を後にした。もちろん、回収は0円やった。期限切れの借用書という時点で、無理のある案件。それよりも、世の中見渡せばァ、金のある奴はごまんといてるもんでキリがない。オマケに裏や表や関係あらへん。

　どの世界におっても、他人に金借りて平気で踏み倒す人間がこんなにいるもんや。ホンマ、心の底から腐っとるもんやから、平気な顔ですまして生きていけるんやろうな。もはや、感心すらしてまいそうであった。

叱咤

回収はそのまた2日後で、他を回ることに決まった。山本は、親分さんと電話で話をしている。どうも怒られている様子や。

2日後、正直言うて、嫌々ながらも回収まわりのスタートを切った。昨日と何も変わらない。とぼける。期限切れの言い逃れ。100％の確率で皆、白《しら》を切り通す。少し、口を出すとすぐ、パトカーや。案の定、3件回ったが回収0円。帰りの道中、3人で計画を立てていた。

「1件ずつ回れば大丈夫。貸した金やから」

おっさん。それればっかりで話にもならん。そう思っていると山本が突然ブチ切れて怒鳴り散らした。

「あんたなァ!!　いい加減にせえや。回収できもしない金のために、ワシら0円で働いてんねんぞ?　大丈夫しか言わへん。全額、期限切れなんて話、最初持ってきた時ィ、聞いてまへんがな。ちっとはヤクザ動いてる意味ィ、理解せいや!!」

おっさんの大丈夫いう言葉に我慢ができんくなったんやろう。しかし、金が回収できないことに変わりはない。おっさんは、家のマンションの近くで降りて帰っていった。

おっさんを降ろすと、山本が親分さんに電話で怒られている様子がわかった。

沈没

親分さんとの待ち合わせの喫茶店に着いた。

「おう。ご苦労さん。てつも、手伝いありがとうな」

「ご苦労様です」

顔を合わせると、あまり怒ってはいない様子の親分さんと挨拶を交した。

「山本、お前は何回言えばわかるんや。これで何回目や。キレるタイミングがちゃうやろが。ちゃんと最後まで考えんかい」

「すんません。せやかて親分、あんなおっさんとワシィなんぼ考えても回収は難しすぎまっせ」

すると、いきなり親分さんの声が少し野太く変わる。

「アホか山本!!　おどれ何年極道しとんじゃ！　今回も一緒じゃろが。とことん一緒に動いて力貸したらんかい！　回収もあかんて、おっさんが手ェ引く言い出すまでつき合うてやれや。おっさんが手ェ引く言い出したらなァ、世話した分とことんおっさんから銭貰うんやろが。のう、それが極道のシノギってもんやろ。最後まで銭に繋がるよう少しは頭使わんかい！」

山本の反論に親分さんが軽く叱るのを聞いていて、なるほどと感心した。最終的には回収金額が0円に終わったとしても、がんじがらめのアメちゃんを山ほど貰った後や。そうなると、おっさんも銭出さへんとはなかなか、言えんやろ……。ワシには全く、そこまでの考えには及ばんかった。

「てつゥ、よう動いて、デコの相手もスムーズにやってくれてありがとうな」

「自分は山本さんの言う通りに動いては、口だけ動かしとっただけです。それよりも、回収にも繋がらずにすいません」

ここは差し障りなく、誰も気分が悪くならぬようにと無難な返答をした。

「てつは優しいのォ」

後になってから聞いた話だが、山本はシノギが全然駄目な男やという。年から年中銭がない。親分さんが何件かシノギも分け与えとったいう話やったが、それも全て、山本がブチ切れてはパーにしとったらしい。月に1000万ほどにもなる安定したシノギも、たかが30分という時間でパーにした。たかだか30分、相手の遅刻にも我慢できずブチ切れた挙句、月に1000万のシノギは終わった。薬物のシノギにしても、山本とやれば必ず長続きせえへんかった。

　ワシは、極道とは銭をつくるためには堅気に負けぬぐらい、頭使うて、能動的に動く、いわば働き者や思うとります。山本のように頭も使えんで、極道だからと威圧だけでただシノギをしていると、まず上手くはいかない。

　山本は親分さんに怒られて元気がなくなっとった。そんな、情けない空気が漂う中で、ワシらは軽く飯だけ食べてから解散した。ワシの回収の手伝いはこれで終《しま》いになった。他の人間に切り替えられたんや。もちろん、山本も回収から外されとった。まあ、この回収、初めからワシには難しいと判断しとったから、外されたんは、むしろラッキーやったのかもしれへん。

ひと騒動

回収の話もなくなり、ワシは大麻商売に戻っていた。マンションに帰ると、向かいの部屋の住人が話しかけてきた。歳は60過ぎのおっさんである。

　このおっさん、実は一度だけだが、ワシが灸《きゅう》を据えたことがある。ワシの隣の部屋の住人がうるさいと、ドアを殴る蹴る、おまけに大声まで出しやがる。なんや知らんが、

1人で勝手に隣の部屋のドアと暴れとった事件があった。家におる時ぐらい、静かにさせてくれやいうに、大迷惑な話や。

「やかましいから夜中にやめてくれ」

ワシは自分の部屋のドアを開けると、なんや吠えとるおっさんにお願いした。ところがこのおっさん、事もあろうか、今度はワシに噛みついてきたんや。

おっさんは、ワシに矛先を向けると虚勢を張りながら喚《わめ》き散らしとった。そこまでは許容できたが、今度はワシの胸ぐらまで掴んできよった。おっさんの腹に一発、強めの拳を打ち込む。

そりゃあ、反射やろ。ワシは崩れ落ちるおっさんの襟首を掴み、廊下を引きずり回して階段に投げ捨てた。

「おい‼　クソじじいが何調子乗っとるんや。次は半殺しやぞ」

転がるおっさんを階段の上から見下げながらワシは釘を刺した。それ以来や。おっさんはワシに、挨拶程度はするようになっとった。

「てつさん！　ワシィ、シャブがやめれんのですわ。金はかかるし、体にしても、年が年なもんでねえ、もうしんどうて。ところで、大麻ってどないですの？　ワシは一回も大麻はやったことないんですわ」

一度、ワシにキャン言うてからというもの。意外に礼儀もよく、気持ちのいい雰囲気のあるおっさんやった。こん時ワシに大麻の話を振ってきたのは、たまにワシの体から薄っすらと匂う大麻の臭いを嗅ぎつけ取ったという。それで、ワシに相談してみよう思うたとのこと。

「せやなァ、全くちゃうで。シャブみたいにしんどなったり、頭ん中おかしなったりせえへんしな。金もシャブよりかからへん……って、まあ言うより吸えやで。ジョイント1本いるならやるか？　どないや？」

「ホンマですか？　なら1本お願いします。いくらですか？」

「そんなんタダでええわ」

　ワシは自室に戻り、巻いとったジョイントを一本おっさんに渡した。

阿呆

　おっさんにジョイントを渡してから、30分ほどが過ぎた頃である。廊下から、ドタバタと音が聞こえてきた。外では数人の話声が小さく聞こえている。普段は全く気にしないのだが、この時は妙に嫌な予感がして廊下に出てみたんや。

1階のエントランスから声が聞こえる。一歩一歩、様子を窺いながら階段を降りてみる。そこは4～5人が集まり、輪ができとった。輪の中心には誰かおる。よくよく見るとそれは、仰向けの様子で、足をバタバタバタバタバタと忙《せわ》しなくさせとった。

ワシは、それを注意深く見守る。

「あ、あ、あ……、あくまに……。なんか吸わ……された……、し……、ぬ……」

壊れたガラクタの玩具みたいに繰り返されるセリフ。

その声の主は、おっさん……、やん。

第六感が的中したとでも言うのだろうか。などと、言っとる場合ではないが、まさにおっさんがぶっ倒れとった。しかもや。顔見知りやいうことすら隠したくなる姿で倒れとる。

やっちまったな……。

悪魔がどうたらヤバいこと、言うてる。ホンマ、運がない。おっさん頼むわァ。なんて、思うとったら救急車のサイレンが近づいてきた。またかいな……。こりゃあ、おっさんになんか吸わした悪魔にでも、どないかしてもらいたい状況ってやつやん。

まあ、悪魔ってやつはどないな姿にでも変化するからのう。今や、おっさんのあっちの世界では、ジョイント渡したワシが悪魔に姿を変えられとるんやろう。せやかてシャブ漬けのおっさんが、シャブも抜けとらんまま、ジョイント吸い過ぎただけの阿呆やろが。初めての経験にしてはワシのネタ（大麻）は濃すぎたのかもしれん。それにしてもや、なんでも舐めてかかると痛い目見るでェ、てなことも、知らんのかと……。

もはや、おっさんの頭の中は「迷子の迷子の仔猫ちゃん」や。そろそろ犬のお巡りさんが悪魔と一緒に捕まえに来るでェ。迷子の迷子のシャブおじさん、そろそろ目覚めた方がええんちゃうん？

なあんて言っとる場合やない。

これはヤバいと思ったワシは部屋に戻り、置いてあった吸引具や巻紙などをかき集めた。もちろん、大麻自体も急いでまとめてひと通りの全てをカバンに詰め込んだ。これでよしと、急いで部屋を確認してから普通に階段を降りていき、倒れてるおっさんの横を歩いて通り過ぎた。

「薬物の可能性高いなあ」

おっさんについとった救急隊員の声が聞こえてくる。ワシは、さっきよりも集まっていた一般の野次馬の中を、流れるように通り過ぎた。現場を少し離れてから、少しだけ早足になって近くのコンビニの裏に身を隠した。

一応、と思い親分さんに電話をかける。

「ご苦労様です。少し早口なりますが……」

さっきまでの阿呆話を親分さんに説明した。

「それならマンション戻らず1カ月ほどは体かわした方がええなァ。体、かわせる場所あるんか？」

「はい。一応、誰も繋がりの割れない知り合いのところで体かわせます。1時間ぐらいの場所です」

「今もう、黒田向かわせたからなァ。車で、てつのマンションまで走らせとるから、ぼちぼち着くからなァ。連絡取り合って乗せてってもらえな。また明日の朝にでも連絡してこいや」

阿呆話を聞いた一瞬の判断で、黒田をこちらへ向かわせとるという。親分さんの動きの早さには少し驚いた。そして、電話を切ったと同時に黒田からの電話が鳴った。

脱出

「お疲れ様。すんませんね」

会うなり、黒田には詫びを入れた。

「いやあ、てつさん。親分が飛ばせ言うさかい。下道ベタ踏みで来ましたよ」

なんて笑いながら、挨拶も早々にその場を脱出した。

黒田が運転する車が、ワシのマンションの前を通過する。パトカー2台と覆面が1台。救急車の列に加わっていた。この時ばかりは、皆の急げという意思のおかげで、スムーズに脱出できたのだと心の底から思った。

背中のマンションを、サイドミラーから確認する。赤いパトランプが回っていた。白のマンションは、パトランプで赤く、危険色に染まっていた。

体をかわす場所に向かう道中、あまり口数の多くない黒田と、これから先どうなることかと考えとった。結局、大麻自体が出ない限りは起訴されないやろう。せやけど、内偵は間違いなく入る予想や。

しっかし。長い間に、色んな薬物と関わっとったが、大麻であんな珍獣聞いたことも見たこともない。あそこまでぶっ飛んで、我をなくしとる醜態見るんも初めてやった……。もちろん、ワシの周りの知り合いにもニュースでも、こんなぶっ飛んだ悪魔の阿呆話なんて聞いたこともあらへんのや。必ず何かあると思うとったわ。

そうしてぼんやりと、過去の記憶を彷徨《さまよ》っとる間に目的地に到着した。

「黒田さん、ありがとうございます」

心ばかりと2万円ほど、黒田に手渡した。

「てつさん、また力なれることとあれば言うてくださいね」

めっちゃ笑顔になると、黒田は言った。2万円に機嫌がよくなったんやろう。わかりやすいぐらい露骨に、テンションが高くなると、足取りも軽々と帰っていった。

急に警察から体をかわすとなると、行動力も制限されるし人目も避けるため、暇な時間ができ始める。しばらくの間、何をしようかと考える日々の始まりやった。

隠れ家

ワシの人生で、1、2を争うぐらいに暇やった。暇過ぎて、何をすることも考えられんで、ただただ手元の大麻を消費することに時間を費やした。大麻を吸うと、邪推も何もなく素直になれるともいう。まあ、太古の昔から万能薬として使われてきたものやし、皆大好きな「自然派」いうやつやしな。ただ違法なだけや。ワシの見解をどうとらえるかは、世論に任せるが。としてもや、早よう消費せなあかん大麻を吸っては、本を読み、テレビを見たりという日々を過ごした。

ワシが、暇を持て余しとることも知らずに、知り合いからの電話が鳴った。電話の主は、ワシが一生懸命消費しとる残りの大麻をほぼ全て買いたいという。悪魔のおっさんが消えてくれん状況下の中では、かなり危険な駆け引きやった。せやけど、イチかバチかやや。いくら好きとはいえ、今は大麻が手元にあることの方がまずい。まあ、ワシもご隠居みたいな生活しとるより、早く元の生活には戻りたかったさかい、持っとる大麻の全てを売ることにした。

もちろん、慎重にはせなあかん。受け渡しの方法をいくつか考えたりもした。せやけど、結局のところ今まで通りが一番と思い直す。大麻を真空パックにして、クッキーの箱に入れて封をした。

隠れ家を出る。クッキーと一緒に、箱の中に封をした大麻が気になる。約束の場所まで歩いて向かう道中、ワシはクッキーの箱の中身に神経が吸い取られるのか思うたぐらいや。そこにあるモノに神経が集まっとるのと同じに、少しだけドクドクと緊張もしとった。

知り合いに大麻を渡し、金を受け取るとワシはまた、隠れ家へと足を向けた。何の問題もなく、あっさりとワシの手元から大麻は消えてなくなった。悪魔が、おっさんに吸わせた言うとった大麻はもうない。ワシが体をかわしてから1週間程度というところやったやろうか。

もちろん、流石に、この時期や。ワシのとこに刑事がいつ来ても対処できる準備はしておいた。ワシかて捕まりとうないわ。

仮に、捕まった時のことも考えて身の回りの段取りなども念入りにした。これで、捕まっても捕まらんくても後は一緒や。隠す物は何もない。刑が重くなることもない。ワシは、そろそろ元の生活に戻ることにした。

「ご苦労様です。手元にも何もないですし、捕まった時の段取りもできまして、これ以上体かわしても一緒です。ここにおっても何もすることもないので、マンションに戻ろうか思っとりますが、まだァ、早いでっしゃろか？」

「おう、てつ。せやなァ、何もないならいいんちゃうか。別に、シャブ体から抜いとるわけちゃうしなァ。そろそろ出ても大丈夫やろ」

親分さんに相談してから、ワシは自分のマンションに戻ることに決めた。

余談であるが、覚醒剤の場合やったらこうはいかない。所持、使用、営利で量刑が全然違う。これがシャブやったら、体かわしとる間に自分で使っとった分の、体内に残っとるシャブ。その成分も抜かなあかんことになる。そうであれば、数週間もの間は、身をかわすことになっとったやろう。大麻だけやと決めていた自分を少しだけ、褒めてやりたいぐらいや思うとったわ。

別に、捕まっとったわけでもないが、マンションに戻って普通の生活ができると思うと、やはり嬉しいぐらいの気分にもなるもんや。

仁義なきサウナ

この頃のワシは、悪い商売や、裏事情でのわけのわからぬことなどは、親分さんによく意見を聞いとった。変に、嘘や無謀なことは言わないので、親分さんの意見はすごく参考にもしとった。

「とりあえず風呂でも行こうや」

親分さんと約束した風呂屋へ向かい、少し早めに着いたワシは、合流まで親分さんを外で待つ。

「ご苦労様です」

「おお、お疲れさん。お前もなんだかんだ忙しい思うとったら、ま~た警察絡みや。ホンマに警察との絡みごとが多いやっちゃなァ。てつゥ、ホンマ、面白い奴やなァ」

車で現れた親分さんが、開口一番ワシに言ったセリフは、「面白い奴」やった。なんせ、ヤンチャで、いつも問題を抱えとるくらいの若い奴が好きなんや。確かに、親分さん知り合ってからもワシは、何かしらと周りを騒がせとった気もしない、でもない。

脱衣所で服を脱ぐとやはり、親分さんの背中は見事に華が咲いて見えた。親分さんと湯船に浸かり一息つくと、サウナに移動した。

「モノも処分しましたし、来ても何も出てはこないですが……今回はどないですかね」

「まあ、刑務所送りはないんちゃうか」

ワシの先行きを話しながら、火照った体を水風呂で癒やしていると身も引き締まってくる。

「来たんちゃうか」

親分さんが発した先の視線を追うと、脱衣所には『仁義なき戦い』のテーマ曲が流れとる。

またや……。出ました若頭の登場や。流石に、二度目ともなればワシも免疫がついとるもんで、驚くことはないが、言うても、めっちゃでかい。否、どでかい。クソがつくほどにどでかい。

このどでかい巨体に額入りの刺青。その迫力はピカイチやった。こんなん、初めて見た人間はそこらの極道でも、目を逸らしたくなるっちゅうもんや。否、逸らしてまうやろう……。

「ご苦労様です」

「久しぶりやなァ、てつ。ま〜た捕まりそうなんかい？　どないな感じなんや？」

見た目とは裏腹に、若頭はワシが捕まるかもしれんと親身になってくれていた。銭湯では、ワシの先行きを案じるごっつい容姿の2人に囲まれて、どないなるんか、どないせなあかんなどとの話し合いが行われとった。この図柄、どっからどう見ても、他人は近寄りたくはないやろう。

銭湯から上がると、軽く飯を食いに行くことになった。

飯の場でも話題はワシや。

「内偵が入っとるパターンか？」はたまた「ガサ状持っていきなり来るか？」などと、あれやこれやと話は尽きない。この日は、3人揃って一日中ワシの話で終わり、帰りの途についた。

マンションに戻るとワシはカレンダーを眺めた。捕まえに来るならこの日あたりかと、日づけを赤丸で囲み、印をつけた。

惑わせる携帯

親分と若頭と共に、ワシの先行きを案じたその翌日やった。

朝の8時ぐらい、コンビニに行こうとマンションを出て、煙草に火をつけて歩き出す。すると、前方に停まっていたワンボックスから4人ほど、豊栖工務店と胸に書いた作業着を着て降りてきた。

なんや、こいつら。目つき悪い奴らやなァ。なんて思いながら歩いていると、作業着姿の4人が明らかにこちらの方に近づいてきた。

ああたぶん、こいつら現場の場所見つからんくて、聞きにきよるんやろう。そう思いながら、自動販売機の前を通り過ぎようとした時である。4人が小走りになって詰め寄ってきた。

「てつやな」

「なんじゃい、ワレェ!!　どっかの組のもんか?　誰かの使いか!　やるんやったらやったるど!!　あ〜!」

町の不良たちとも、小さいとはいえ火の粉はたくさんあった。せやから、こいつらはその仲間のパシリかもしれんと思った。

「本城警察や」

やはり来たのだ。

「今からガサや。マンション戻ろかァ」

　警戒を解こうとしておった矢先の出来事であった。首の皮、一枚助かった。そして、何も出るはずのないマンションのガサ入れが始まった。

　マンションを出てから火をつけた煙草の吸殻は、大麻の疑いから押収された。ちなみに、工務店の作業着まで作って、目立たないように内偵しとったのにも驚いた。

　もちろんだが、道具は綺麗に洗ってある。大麻を吸うたり、クラッシュするための道具以外、この部屋にはない。気持ちは余裕やった。

　しかし、悪魔のおっさんにやったジョイントからワシの唾液が検出された。そのため、大麻譲渡で捕まった。警察署へ向かい、取調室に入る。

「ワシは暴力担当の中野や。大麻で、てつを捕まえられへんのは今回はわかっとる。ただなァ、てつ。お前ェ、ワシら警察ではな、○○組の準構成員や位置づけしとるんや。色々と聞きたくてなァ。話、聞かせてくれや」

　笑える話や。大麻で捕まっとるいうに、はなから暴力担当が来よった。

　そんなに、極道情報ってやつは手に入らぬもんなのか？　こいつらも必死なんやなァ。そんなことを思いながらもキッパリと言った。

「ホンマでっか？　ワシは○○組とは関係ありまへんよ。ワシの内偵で、一緒におるところを見たんかは知らんけど、何をどう聞かれても、話すことなんかありまへんよ」

「ワシらは、常に極道の情報集めとるんや。○○組とは、頻繁に行動しとるし、金の回収も手伝ったやろ。あれも、組が関与しとるんもわかっとるぞ。組側からのワシらの調べで、てつも絡み多いから、準暴力団組員と思って枠に入っとるんや」

なるほど、と思った。

刑事の話によると、悪魔やわめくおっさんの体には、やはりシャブが残っていたらしい。そんな状態で大麻を吸うたことによって、迷子の迷子の仔猫ちゃんやなくて、壊れたガラクタのようなおっさんが生まれたとの話や。

ワシの唾液が出とるいう情報に、ワシからタダで貰ったと言ってしまった……。世の中で言う、チンコロと同じじゃ。

「自分、大麻は懲《こ》りました」

なんや言うてたらしい。おっさん、タダのシャブ中やん。おっさんが出ていたら、捕まえて話をつけに……、否、どつき回したろう思うてましたわ。せやけど、おっさんにはシャブの前科もあったようで、刑務所へ送られたと聞いた。

こいつらの調べはホンマ、舐めたらあかん思いましたわ。

聞かれたのは、組の公安関係や、周りのブレーンたちのことやった。

もちろん、ワシが知るわけがない。誰たちとここで飲んでいた等と、刑事が手に入れている確実な情報に関して「一緒に飲んだ」と答えただけであった。せやから、警察からすれば何の意味もない結果に終わったと思う。

肝心の大麻の方はというと、金は取っていない、物もない。体から逮捕できるモノが出ないで、2週間ほどの起訴猶予で出られた。一応、大麻用器具は科捜研に回されたという。特殊液で、目には見えぬ分量を調べられたのだと言った。逮捕できる最低の分量があるのだが、それには全然達していなかったようだ。

尿から反応は出たが、使用罪がないため捕まらなかった。

「てつぅ、あんなおっさん相手したら損やぞォ。口は軽いわ、シャブで何回も捕まっとるわ。ろくな人間ちゃうし、ありゃ、あかんで」

「シャブ中から脱出したいみたいやったし、大麻の方が全然いいから教えてあげただけやで？　ワシはいい人間ちゃいますの？」

こんな会話を最後に、悪魔のおっさんの一件は幕を閉じるのであった。

この逮捕がきっかけで、中野刑事とは少し仲よくなっていった。そして後には担当刑事となり、ご贔屓《ひいき》になっていくのである。

「お疲れ様です。何事もなく出てこられました」

「お疲れさん。早かったのォ。今日、夜出てこいや。ワシの店なァ。早よお着いたら、先飲んどけな？」

漢前

集合の店に着くと、同じタイミングで親分さんが来た。

なんと店には、若頭を筆頭に、舎弟頭、それから黒田や若い衆数人と、親分さんのブレーンたちも集まっており、ワシは20名以上の人間たちと悪魔の話をネタにして楽しく飲んどった。

親分さんの携帯が鳴る。

「ご苦労様です。はい、ホンマですか？　ワシらはいつもの店ですよ。わかりました」

そう言って電話を切った。

「会長がな。外で飲んどるみたいでな。今からこっちに顔出すわ。若い衆ら、しっかり警護しろなァ。後、会長と絡みキツイやつ、違う店で飲んでくれな。楽しい時間やったのにすまぬ」

結果、7～8人が残ることになるのだが、今日の主役ということで、ワシは残留が決定した。15分ほどで上部団体の会長が到着する。

黒田が下のエレベーター、若頭が上のエレベーターを開けることとなり、店のドアを開けて外には舎弟頭、中では親分さんとワシが待つ形となった。ワシは、どんな人が来るのかと久しぶりにドキドキしていた。

親分さんよりも上の人間。しかも、極道界ではめちゃくちゃ名家の偉いさん。どんな人であるんか想像もつかない。もはや、考えることすらやめてまおうと思うぐらいや。

極道界のサラブレッドや。ワシは久々に、吐きそうなぐらいの緊張で気持ちが悪くなっていた。

「おう、来たぞ」

若頭が緊張を煽る。ひとつ、またひとつと上がってくるエレベーターの数字を見つめた。ここは8階や。兎にも角にも、心臓の音が素早く動き始める。

7階に着く。ワシだけではなく、周りの空気全体がガラリと変わる。全員の体が引き締まり、極道一色の空気になった。

エレベーターの数字は、8階。

来た……。

エレベーターの停止音があたりに響く。

ワシは頭を下げて、視線を下に逸らした。

「ご苦労様です」

若頭と舎弟頭の声が聞こえる。

「おう。おう、ご苦労さん。ご苦労さん」

ガラガラの声が聞こえる。間違いない。会長の声であろう。

「ご苦労様です」

親分さんの声が聞こえた。ワシもタイミングを合わせて一言、挨拶をした。

「ご苦労様です」

「おうゥ、林のよう話しとる若い者っていうのはお前さんかい。顔を上げんかい。ぐわはっはっはっはっはァ」

豪快な会長であった。ワシは言われた通りに顔を上げる。頭の中は真っ白や。

視線が合う間、1秒ほどであろう。

スローモーションのように感じる。1秒が、数十秒にも感じたんや。否、それ以上かも。とにかく、ワシの人生で、目と目が合った恐ろしい目つきナンバーワンに輝くほど、ホンマ、恐ろしい目つきやった。100人中100人がヤバいと感じる目つきやった。

暴力と恐怖と、常に、目の奥には殺意すら感じる。視線と視線が合わさった瞬間、ワシは目線で撃ち殺されとった。もはや、情けない話やが、オロオロとしてまう。

　めちゃくちゃ名家の、めちゃくちゃ武闘派のサラブレッドや、会長は。口だけなんて、もちろんあり得へん。

「お前は、この時代には珍しく勢いあるらしいのォ。林が行動隊長で迎えたいらしいのォ。林はええ極道や。男磨けるし、損なことはひとつもない。男と根性磨けるぞ。よう考えて、腹決めんかい。ワシも、可愛がったるどォ。ぐわっはっはっはっはァ」

　豪快に笑う会長を見て思った。なんて言うのか、本物の武闘派ヤクザっていうのはこういう人のことを言うんやっていうか……。会長が持つ、オーラと勢いには、ただただ圧倒されて恐縮してしまう。

「はい。真剣に考えます」

　言葉も、よう考えつかんかったんで、これが精一杯の返答やった。

　正直、ワシは格好悪い。まだまだ、1ミリたりとも肝なんぞ据わっていない。そう思わされた。そして、会長は1時間ほど歌を歌い終えると帰っていった。

「次会う時は、ワシの組の子やのォ。ぐわっはっはっはっはァ」

　ワシの頭の中には、会長の目つきと笑い声が残像として、いつまでもこだましとった。

「てつゥ。ワシがたまに話すから、気になっとったんやろ。タイミングよかったから、少し寄ったんや。お前を見にきたんや。何回も言うたら、鬱陶しいかもしれんがのォ。行動隊長の席でワシの組に入れや。考えてみてくれな」

初めて心が動いてしまった。

1回目に入った組よりも、人間も組織もでかい。比べようがない。ワシもなんだかんだ、半グレのような生活を続けている。

どうせなら、もう一度極道の世界で……。

頑張る決意を固めるために、時間を費やした。前の組の時より、上手く道を歩ける自信はかなりあった。その日の帰り道、ワシはとうとう決断してしまったんや。

「親分、今日から親分と呼ばせて貰います。今から、行動隊長のてつでよろしいでしょうか？」

「おお！　ホンマかいな!!　大歓迎や。今から飲みに行くかァ！　はっはっはっはァ。冗談や。気合入れて、皆にいい極道になれな。明日、若頭や舎弟頭にも伝えとくから、夜出てこいな」

今までで一番、喜んどった。今考えると、形と手法は違えど、極道が差し出すアメを再び、甘くて美しいモノとして分け与えられとったんや。すでに、そのアメはワシに心地よくなっとった。

当たり前やが、最初から鞭だけを叩きまくって勧誘する人間なんぞいない。まあ、ほぼほぼいないやろう。

こうして、第2の極道人生の幕は切って落とされたのである。前の組織よりも巨大や。それに、立場も役職も、組での地位も何倍もよかった。

極道人生の歯車は再び、勢いを増して回り始めるんや。

行動隊長、てつの誕生である。

第四章 歯車

新たな組で高まる緊張

定期連絡の確認

行動隊長の役に就いた次の日の朝、親分に連絡を入れた。

「ご苦労様です。改めて、よろしくお願い致します。親分、定期連絡などは、どないな感じにしてはりますか？」

極道の世界では、毎日、親分や若頭と事務所に連絡を入れなくてはならない。理由は、組織の色々な連絡や、皆に変わりがないかを確認するためでもある。これを怠ることはNGであった。定期が入らぬ場合などは、捕まった時か飛んだ時。それもいち早くわかる仕組みになっとる。

「おう。おはようさん。ワシの所は昼の12時と夕方の5時や。お前は行動隊長やからのォ、常に一番に動けるように頑張れなァ。せやけど、当分はワシと一緒に行動しろなァ。お前の顔、色んな人に教えなあかんし、所作も教えていくさかいな」

ちなみに、行動隊長の役割とは、簡単に言えば組の人間が揉めた時なんかに、一番に駆けつけて治める役である。人によっては、鉄砲玉や損な役割……、と言う人もおるが、武闘派ヤクザにとっては登竜門やった。極道でも、経験しない者もようさんおる。

その分、経験しとる極道なんかは、イケイケや、危ない人間やとようさん言われる。

これは、極道の世界においては、箔がつくというモノなのだ。

走り出した鉄道

親分と待ち合わせの時間までは特にすることもなく、夕方には親分と合流した。

「ご苦労様です」

「ご苦労さん。てつぅ、今週の日曜日なァ。会長の付き人、するからなァ。改めて紹介もするから、スーツで行くで」

「承知しました」

夜に顔合わせをする店で、一足先に親分とこんな会話を交わした。そして、この組の所作というモノを色々と教わった。ここでは前の組の教えも生きる。多少、違うところはあるモノの、基本は同じなのでよかったとも思う。

「おおう、◯×組におっただけあって、所作もしっかりしとるやないかい」

親分にも褒められたことには、多少ビックリはしたモノのよかったと思うのである。

そして、時間が経ち、若頭たちが現れた。もちろん、顔も知っている。せやけど、若頭の風体だけにはまだ慣れずにいるワシがおる。若頭の登場シーンでは、『仁義なき戦い』の曲が未だに流れとった。夜の7時、予定の1時間前になるが全員がビシッと揃う。

「てつぅ、一応、形やけどなァ。手短に挨拶しろなァ」

親分に言われたワシは、30人ほどを前に挨拶をすることになった。

「皆様、遠い場所や寒い中、ご苦労様です。本日、ワシは○○組に籍を置かせてもらうことになりました。てつと申します。若輩者で、右も左もわからぬため、皆様に失礼な行動を取ってしまうかもしれません。その時には、何卒、ご指導のほど、よろしくお願い致します」

当たり前やが、拍手が巻き起こる。そこへ親分が続く。

「皆ァ、ご苦労さん。てつはなァ、ワシが気に入って組に入ってもろたんや。元々は○×組でなァ。しっかりしとるしな。最近には珍しく勢いのある奴でなァ。花形の行動隊長の役に就いてもらうことになった。頭から立場が下になる人間もおるけどな、勉強なることも山盛りあるさかい、よろしゅう頼むぞ」

「わかりました。よろしくお願い致します」

全員が声を揃える。続いて若頭が声を張り上げる。

「皆、ご苦労さん。ワシはなァ、こいつに期待しとる。ハッキリ言うとくぞ。皆ァ、こいつから勢いを学べ。ワシらは武闘派の名家や。今のお前たちのイケイケ具合は薄い。

気合入れていけなァ。言いたいことがある奴は後でワシのところに来て言えや。半殺しにしたる。以上！」

「はい‼」

再び皆は合唱である。

見た目もイケイケ。心もイケイケやなあと思った。もはや、ダースベイダーが高台からストームルーパーに演説でもしているかのように見えた。

続くは舎弟頭や。

「皆さん、ご苦労さん。ワシはな、てつとは組入る前にシノギを一緒にやってなァ。ワシの指示にちゃんと動くし、ワシによう気も使うしな。ちょっとやけどワシが、ワシが……、ワシがワシが……、ワシ……」

趣旨もようわからん長い話を語り始めた。

何じゃ、こいつ？　正直に言ってそう思っていると、親分から大目玉を食らうことになるんや。

「おい！　長いねん‼　お前、何が言いたいんや。内容もワシがワシがや。お前、アホか‼　空気読まんかい！　早よう、座って黙っとれ！　ボケが‼」

この瞬間、空気もピリついて全員の顔つきが変わる。

若頭だけは、24時間、顔面凶器や。顔つきが変わったのかもわからん……。

極道の世界でも空気が読めない奴はホンマ、笑い話にもならん。

虫の居所が悪けりゃあ、とばっちりもくる。迷惑過ぎるぐらいに、迷惑な話や。

運転手

まあ、それでも、軽く飲みはじめると30分ほどで、元の和やかな雰囲気に戻って飲んどった。この日の挨拶はこれぐらいで終わる。

そして次の日、いいスーツにいいネクタイ。時計までも、キッチリとした姿で親分と合流する。

「おう、てつ。なんや。スーツ着たらええ顔して格好ええやないかい。これなら会長も、ええように思うんちゃうか」

ワシは、アメばかり貰えるもんで、逆に気持ちが悪いとも思うた。会長との約束の場所に到着する。10分ほどもすると会長が到着した。

「おう、お前か。ワシが言うたやろ。次会う時にはワシの子やなァて。言うたやろ？精一杯頑張れよ。ぐわっはっはっはっはァ」

豪快な笑い声を残して、会長は飲みに出かけていった。ワシは、1階のエレベーターの近くに立ち続けて警備に就く。3軒ぐらいをハシゴした会長が帰っていった。

警備とは、会長が飲んでいる周辺に変な人間はいないか、対立組織がいないかなど、周りに気をつけながら立ち続けるのだ。組員数人が、会長が飲んでいる間、立ち続けて警備に就くのである。車部隊もおって、ひたすら車で待ち続ける。色んな警備があるモノやが、今回の形の警備は基本である。極道なら、ほぼ100%皆が習い、経験する基本所作のひとつでもあった。

会長を送った後、林親分を送っていた。

「てつゥ、前に言うたかのォ？　ワシの事務所と会長の事務所な。形はあるけどなァ、使用制限で使えんから、今は当番ないからのォ。せやけど、会長がなァ、役職が上から数えてだいぶ偉いから、本部当番が月に2泊3日せなあかんことが3回あるんや。てつも、行かなあかん順番くるからなァ」

当番とは、事務所に泊まり込みで、電話や警備など事務所を守る役目や。これは、ピラミッドのてっぺんを取った者以外には必ず回ってくる役目や。

このような形で、親分の付きや当番、会長の付きや月に数回ある集まり事などと、末端の人間以外、なかなか自分の時間がないのが現実やった。

親分を送り、ワシの家まで黒田に送ってもらう車中でのこと。

「てっつぁん、車の免許は取らへんの？」

「ああ、自分、飲酒で捕まってなくなってな。それと、運転苦手やから取らへんのよ。親分には言うてるからね」

黒田が免許取らへんの？　なんて、聞いてくるから昔の話を思い出していた。実は、車は大好きや。免許がなくなって、日々を過ごしているうちに、極道が運転していたら格好悪いと、自分の中ではあまり意味のない小さなプライドが芽生えたこと。それだけがただひとつ、残っていたぐらいやった。そして、今でもなおその心情だけは崩れることなく免許は取っていない。

親分には、黒田に話したことをそのまま伝えていた。早く運転手を見つけて、すぐに動けるようにするならいいと許可を特別に貰っとった。

共にして

その後、親分とは数カ月もの間、毎日行動を共にすることになる。他組織の人間や半グレの知り合い。組の応援者や親分の応援者などと酒の席にも着いた。

「ワシんところの行動隊長のてつや。久々に勢いのある人間でなァ。何かあれば、すぐに出て行く奴やからなァ。皆もよう、見ときや」

ヘビーローテーションのように、繰り返し親分は言って回った。この時、9割の人間がワシに対しても下手《したて》に出とった。そんなこんなで、親分に付きっぱなしの日々が過ぎて行く。ワシはワシなりに、組や親分の用事がない時、呼び出しがない限りは、ちょこちょこと自分の時間ができてきたところや。

「てつぅ、ワシのブレーンの元極道がなァ。借金の回収で、だいぶ面倒なやつを相手にしとるみたいでなァ。行って、力貸したってくれや」

ワシの行動パターンも整ってきたかという時、親分から仕事の話やった。ワシの極道人生において、会長や親分の言うことは二つ返事で動くと決めていた。

「はい。承知しました」

そして、親分のブレーンである誠に会いに行くことになる。

「ご苦労さんです。誠さん。てつです。どないな話なんでっか?」

ちなみに、親分の教育で、堅気の人間には部分部分しか敬語を使うなと言われとった。そのため、ほぼタメ口で、というよりも、上から目線でモノを話しとった。

親分のブレーンやという元極道の話では、金を貸しとる人間が逃げ回っとるという。

何度も捕まえては話をするんやが、毎回大声で暴れて、誰かが警察を呼ぶように仕向けては、逃げ回るのだという。手を出そうモノなら、警察に1秒でチンコロされて終わる。そんな厄介な相手だと言っていた。

今日もまた、捕まえるために準備は全て整っていて、ある店に相手が来ることになっとるとの話。

「なるほどでんなァ。ごっつい汚い人間やなァいうことはわかりましたわ。ワシのやり方でやらしてもらおやないかい」

会長のブレーンから話を聞くと、ワシのやり方でやらせてもらうということで解決を図った。

そして、30分ほどもすると、相手が店に来ているとの連絡が入る。

「てつさん、相手、店に来とる言うもんで一緒にいいですか?」

「かまへんよ。ほな、行きまひょかァ」

店に入るとまず、誠が話しかけた。少し話をしていたが、外に出て話をすることになったのでワシも誠の後ろをついて外に出た。誠の後ろで話を聞いとったワシを見つけるなり、相手の男が怒鳴り散らす。

「なんや、お前。ヤクザみたいな奴連れてきおって。早よ帰らせろや！　こんな奴関係ないやろ!!」

さて。始めましょか。心の中のワシが開始の合図を送る。

カッター

「コラっ!!　おっさん！　誰見てモノ言うとんじゃワレ!!　舐めとったらあかんど。ヤクザみたいやない。ワシャあ、極道や。なんか文句あるんか？　ワレ!!　お～、おどれの行儀の悪事、皆聞いとるんや。おどれ！　舐め腐っとったら殺してまうど!!」

開口一番咬ましを入れたワシに対して、おっさんが言う。

「ワシは△△組の知り合いおるぞ！」

ワシの中で火が付き、ワシの口が走り出していた。

「何ィ？　コラ!!　ワレ△△組の知り合いやとコラボケ!!　現役のワシに組の名前よう出したのう？　お～!!　ほんなら今すぐ呼ばんかい！　おどれの行儀の悪さにケツ持つ極道なんぞ、おどれと一緒にぺちゃんこにしてまうど!!　お～、おどれ△△組言うてるけど、おどれが揉めごとで組の名前使うとると一報でも入れたろか！　おどれ、△△組からも追い込みかけられるど。お～！　わかっとんのか！　ボケい!!」

かなりの咬ましを入れる。

極道というものは、組の看板をものすごく大事にするもんや。看板を出して喧嘩や揉めごとに負けるなんてことは、一番許されない。ワシらも、絶対に組の看板は最後まで出さない。出した瞬間、ワシの喧嘩が組の喧嘩になるからや。絶対に、ハッタリでもヤクザの組の名前は出さないでもらいたい。それほどに、極道というものは、看板に全力を注いで、磨き、汚れないようにとしとるんや。

「あんたにゃあ、関係ない。知らん、知らん」

おっさん一気に逃げに走りやがった。

「おっさん！　何抜かしとんやボケ!!　おどれからワシに喧嘩売っといて知らんてなんや？　ああ？　おちょくっとんのかボケ!!　ホンマ、ぺちゃんこにしてまうど!!」

すると、誠から聞いていた必殺技を繰り出してきた。声の音量が上がる。

「知るか！　ボケ!!　銭ないもんは払えんやろが！　指でも何でも落としたるわ!!　それでええんじゃろが！」

「おい、ボケェ!!　ワシャ、現役やど？　わかってないんかい!!」

ハッタリをかますおっさんを怒鳴りつけると、ワシはすぐさま誠に声をかけた。

「誠さん、コンビニではさみとカッター買うてきてもらえます？　指と耳、鼻も切ってもらったらええやろ。本人、落としたいみたいやからなァ」

「やるんやったらやったらんかい!!」

相変わらずの大声やったが、足元だけやなく、全身が震えて怯えとった。すると、かなり遠くの方からパトカーのサイレンの音が聞こえてくる。ちょうど、誠がはさみとカッターを買ってきたタイミングやった。

「誠さん、急ぎで車呼んで。何も聞かずに早く」

誠は、近くで待機していた車を回さした。車が前に来る。

「おい！　おっさん!!　乗らんかい!!」

「なんで乗らなあかんねん、嫌じゃ」

「おどれ!!　甘過ぎるんや。ワシャ現役や言うとるやろ!!　おどれの手口なんかワシに通用するか!!」

ワシは無理矢理おっさんを肩に担ぎ、ワンボックスカーに詰め込む。すぐにチャイルドロックとドアロックをかけた。ワシはおっさんと横並びに座る。

「なあ、おっさん、何回も言うけどなァ。ワシャあ現役なんや。お前が今日のことでデコに逃げてもなァ、うちの組のもんが後から来るしのォ。もう、諦めんかい、おっさん。お前の手口も聞いとるしのう。ワシャ、誠さんとええ話にしたるからのう。分割でも、なんぼかずつ払えやおっさん。まだァ、ごちゃ抜かすつもりならワシの面子が立たへんしな。わかるやろ。お前の希望通り、指と耳ィ？　落とさせてもらうだけや」

新品のはさみやカッターの袋を開けながら、声のトーンを落として、おっさんに語りかける。はさみを2〜3回ちょきちょきと動かし、ワシの横に置く。

カッターの具合を確かめるような仕草で、カチャカチャと鳴らしながら話し続けた。

「あのう、お名前は何と言うんですか？」

足と、膝の上に置かれた手が、尋常じゃなく震えとった。奴の隣に座っていたワシには、それがよくわかったんや。

「おう、ワシかい？　ワシはてついうもんや。二度と忘れへんやろ」

「分割で話していただけるなら話しさせてもらいたいので、堪忍してくれまへんか？

ワシはアホなことしたとようわかっとります。てつさんの方は、勘弁してください」

「誠さん、ほな珈琲屋かどっかで話しまひょかァ？　よろしいでっかねえ？」

「てつさん、わかりました」

皆の意見が一致した瞬間やった。

ワシらは珈琲屋へと向かった。ワシは別に本気で切れたわけやない。ワシが思う極道のやり方で話をつけただけや。別にタダの因縁だけでモノ言うとんのちゃいますわ。貸した金返さないで逃げ回っとる奴に話をつけただけや。

「おい、おっさん。ワシの顔があるからのう。逃げたら次はないど？　それから、あとはしっかり誠さんに約束せいや。わかったな？」

席に着くなりワシは奴に釘を刺した。そして、２人を残して席を後にした。

誠が追いかけてくる。

「てつさん、ありがとさんね。林の親分には後で電話かけておくよ。また連絡してお礼するけど、はい。車代だけでも」

誠は１万円を差し出して渡してきた。

「どないなるかわからへんけど、０で泣くよりも１円でも回収できたらええんちゃいますかね？　ワシはこれから、親分のとこに報告に行くさかい。あとは誠さん、後悔せんようにしっかり話まとめてくださいね」

初仕事の報告

帰り道で親分に電話をかける。

「親分、ご苦労様です。今終わりました」

「おう、どないやったん?」

「どないですかねえ?　自分なりに話はまとめてきましたが、あとは誠さんの望む結果になるかどうかやないですか?」

「ホンマかァ、ご苦労やったなァ。詳しい話ィ、聞かせに店にでも来いや」

店に着いたワシは、おっさんが使った手口を話し、分割でも支払えということに同意させたと報告した。内容は特に詳しくは説明しなかった。

「なるほどな。どんな手ェ、使ってでも一括で払わせられりゃ満点やったけどな。せやけど、十分すぎる結果やないかい。ご苦労さん」

「あ、親分。足代言うて、1万渡されましたわ。ワシは口使《つこ》うただけですし、いりまへんよ、1万円でも」

「アホォ、てつ。1万でも貰とかんかい。足代に1万出すいうんも、当たり前やからのう。動いた力になった云々やない。貰とけや」

「わかりました」

ワシの報告を聞き終えると、親分は上機嫌になってボトルを入れた。ワシのことをほめちぎるもんで、悪い気はせえへんかった。

ワシの組は、事務所が使えんかったもんで、もっぱら親分と、この店使うて色々な話をするのが組の流れになっていた。

　次の日、親分に定期連絡を入れる。

「ご苦労様です。親分、変わりはないですか？」

「おう、ご苦労さん。変わりないぞ。てつなァ、誠さんから連絡あってな、お前のこと、ごっつい褒めとったで？　久々に、極道のやり方見た言うとったわ。行動隊長じゃあ、もったいないぐらいええ言うてたで。それとなァ、おっさんが支払うたら、しっかりお礼させてくださいい言うてたわ。ご苦労やったな」

「自分は、親分の教育通りに勉強して動いて仕事しただけです」

「お前はホンマ、気持ちええやっちゃのう」

　組に入ってから結果を出した初めての仕事やった。

「それとのう。お前、黒田と兄弟分なったれや。あいつもなァ、暴力は全然あかんけど、真面目に極道やっとるからのう。親分秘書にしたろ思うてな。お前より組に入ったのは早いけど関係あらへんからな。よろしく頼むぞ。２人して、力合わして頑張れな」

　親分が急に変なこと言い出すもんで、先行きが怪しくなったとワシの心は沈んでいくんや。

契り

よりにもよって、黒田はワシがホンマに絡みたくない極道の1人や。心底絡みたくない極道。1ミリたりとも、尊敬に値するところが見つからない。そんな極道と、ワシが兄弟分とは心底先が思いやられる展開になってもうた。

極道界で兄弟分になるいうことは、苦楽を共にして、トラブルなどの時には互いに協力し合い助け合うという、深い意味があるんや。そこへや、ワシとは何の流儀も所作も異なる輩《やから》と契り交わさなあかんねん。勘弁してくださいよ……心の底から思った。

正直、ワシにプラスになることはひとつもない。上手く断りたいと思うとった。

それから数カ月が過ぎた頃、親分からの連絡や。

「おう。ニュースとか見とるやろ？　分裂や。前から言うとったやろ。組織分裂や。大き過ぎることや……。3時から会長んとこでミーティングや」

突然、平和が崩れる音がした。

ワシがおった組の母体は、この国でも大組織。それが分裂や。簡単に言うと、組が割れたいうことは、戦争の幕開けを示しとるんや。お互いに意見が噛み合わなくてもなんとか、均衡を保ってきていたのだが、その均衡が崩れたのだという。

激しい抗争の幕開けやった。

皆がスーツを着て、会長の家に集まる。緊張感しかその場にはない。咳《せき》ひとつ、してはいけない空気が張り詰めとった。

「おい、お前ら。会長が降りてくるからなァ」

ワシがおった組のひとつ上の組におる会長。その会長の組の若頭が、皆を引き締める。

ワシがおった組も、会長が指揮する組も上から1番目にあった。しかも、会長は極道界の武闘派名家の出身。立場的には申し分ない。

「おう、皆ご苦労さん。皆ももうわかっとる思うがのう。組を出て、新しい組織を作ろうと思ってなァ。その新しい組織に、ワシらも加わって、互いに支え合っていこういうことになってなァ。ただ、母体が割れた形なんや。元々の母体やないとついていけへん。また新しい組織に入るなら引退するいう者はかまへんから言うてくれなァ。これからは、今までよりも忙しなるからのう。残るなら気合入れとけや」

いつもの豪快な笑い声はなかった。少しの間がある。

「おい、和田ァ。お前んとこはどないや？」

そう言って会長の組織の若頭である和田に問いかけた。

「はい。ワシら和田組一同は、組ではなく会長についてきました。これからも変わらず会長についていく所存であります」

　ワシもわかっていたことやったが、ワシがおった組は、一枚岩の結束が固い武闘派組織。それだけに皆、和田の若頭ならついていくの一言やと簡単に予想はできた。

「おう、ホンマかァ。皆も同じ意見か？」

「はい!!」

　皆の声がひとつになった。

「皆、絶対悪いようにはせえへんから。皆、よう言うてくれた」

　会長の真剣な言葉に胸を打たれたワシは、熱くなっていた。

　すると、和田の若頭である。正座のまま、両手拳を地面に、頭を下げた姿勢を取った。

　その姿を見とった全員が、一斉に同じ体勢を取った。

「親分、今後とも厳しいご指導、よろしくお願い致します。少しでも組の力になれるよう、精進して参ります」

　そう述べるとまた、皆が声を揃える。

「よろしくお願い致します！」

「おう。皆、頑張れよ」

　今思うと、あそこで引退したいだなんだと、申し上げられる勇気がある奴がおったとは思えん。ワシは、バリバリの極道気質であったので、なんとも胸打つ男芝居には胸を打たれてしまうんや。せやから、胸を熱くする男心が燃えたぎっていた。せやから、抗争態勢は準備万端やった。もし、離脱したいと思っていたとしても、この場でそれを言い出すことの方が困難である。

整いました

上部団体の和田の若頭の一言で、場の空気はすでに決まっとった。あの返答を聞いた後で、反論できる者など誰もいない。そんな空気は1ミリたりとも流れておらんかった。

そしてこの日より、役職持ちの人間は、「極道同士の喧嘩に限る」が、喧嘩や揉めごとで看板を出す時には、上部団体の看板を掲げることが許されたのである。だが、その看板を使うことは一度もなかった。

こうして、ワシらは今までよりもピリピリとして、気を抜くにも、抜ききれん状況の中で生活が始まる。ワシにも、色々と役目が増えた。組を代表しての、母体への定期連絡。会長たちが行う、幹部会の警備などもそのひとつであった。

組が割れてから当分の間は、親分の付き人と会長の警備である。その他、親分と一緒に幹部会への出席やった。ワシの時間など、寝る時間以外ない。

なかなか上がらない火の手

そうこうしている間に、数カ月の時は経ったが、沈黙は続き、火の手はなかなか上がらんかった。ワシがおった元々の組織の母体、それから新しい組織の母体は、それぞれの立場を貫きこそすれ、沈黙が破られることはなかった。

夜だけやが、久々にワシに自分の時間ができた。少しだけやが。ホンマに睡眠すらロクに取れていなかった。せやけど、すぐに動けるように極道スタイルの服を着たまま、耳元に携帯を置いて眠りにつこうと試みる。

何時間が経ったのか……。携帯が鳴る。ワシは、八木の若頭か林の親分だと思い急いで携帯を取った。

「おはよう~、兄弟。寝てた？　たまには飲もうや。あそこの店で。たまにはええやん」

黒田や。時計を見ると、夜中の1時よりも少し手前やった。黒田は、シノギもダメな男や。そのため、昼間は林親分のブレーンの会社で働いとった。せやから、組の用事がない時や、早く終わった時などは必ず眠っとる男なのである。

第六感が働く。

「兄弟。何かあったんやな。飲みちゃうやろ？」

「バレた。八木の若頭には伝えたけど、店のオーナーから連絡があって、元□□組の残党が来て暴れてさ、ケツ持ち呼んでこいとか言うててん。八木の若頭たちは会長の警備で、親分は会長と一緒に店に入るために伝えられんから、てつ呼んで、2人で行ってこい言うとるで」

ワシは、この頃が極道らしさのピークやったと思う。緊張というよりも、この、ワクワクした感じ。それに、行動隊長という役職からしても、とことん殺《や》ったろ、という気持ちしか、意気込みしかなかった。久しぶりに暴れられることを考えとったら、「とことんやったるで」という思いがこみ上げてきて楽しみでしかなかったんや。

ワシの顔に微笑みが浮かぶ。こんな奴おったらきっと、我ながら怖いわなんて、今でも思うわ。

急いで迎えにきた黒田と共に、現場に向かった。車は喧嘩用のボロ車。加工して道具も隠しとる。最悪、車で轢《ひ》き殺して廃車にしてもいいような車やった。道具とは抗争用のチャカ、拳銃のことである。少し遠くに現場が見えてきた。

「なあ、兄弟。ワシがとことん行くさかいなァ。八木の若頭への連絡と、1人ぐらいは殺る覚悟、頼むな」

「OK。何か店にある瓶で戦うし、何かあったら車で轢いてまうよ。兄弟こそ、絶対、死んだりしたら堪忍やで」

「せやけどなあ。人数や道具で負けるなら、死ぬ方がマシやぞ。うちの組で、喧嘩負けたら一生地獄やぞ」

「まあ、そりゃ、そやな」

2人で笑った。黒田でさえ、笑っていた。極道とはどんどん肝が据わっていくものである。自分でもわかるぐらいに極道としての成長は著しかった。ワシには向いてたんやろう。

「兄弟ィ、着くでェ。5～6人外出とるで」

「ホンマやなァ。兄弟。ワシが先陣切って店入るさかい、後ろついてきてな」

店の前に集まっとった5～6人の列に突っ込むと、黒田は車を止めた。

それと同時に、車から降りる。

「コラァ!!　三下《さんした》が！　どかんかい！　ボケェ!!　邪魔じゃい、ボケが!!」

咬ましを入れながら、ドアの前にいた人間の首を掴んで壁に押しつけた。足払いをすると、後方へ転がして店内へと入る。

すると、店内には1人だけが座っていた。店のオーナーと店長が挨拶をしかける。

「おつかれ……」

「おい‼　おどれかァ‼　ぶち殺すどォ‼」

挨拶なんぞ、待ってはいられない。ワシは野太い声を張り上げとった。

「ああ？　なんじゃい‼」

相手がいきり立ってきたところで、オーナーが口を挟んだ。

「てつさん、こいつ、てつさんの組名挙げて、□□組がバックやろ呼べやと。あんな奴ら、大したことない。どうせ、ようこおへんわ。言われましてね……。連絡しました。すいません。自分も頭にきたので、すいません」

ここのオーナーは半グレや。極道を嫌っておらず、むしろワシの組に好意を持っている。ワシの頭には、血が上り過ぎとった。オーナーらに対峙するこのボケは、殺すしかないと考えた。残っとった冷静な感情は、オーナーに言葉をかけるために使われた。

「かまへんよ。ワシらも看板商売じゃ。知らんところでなァ、看板踏みよる人間なんぞ、殺してまうしかないからなァ」

言い終わるとすぐに、ワシの中に残っていた冷静という名の感情の欠片が飛び散った。

「おい、ボケェ！　ワレ、何抜かしとんじゃい‼　誰の看板踏みつけとんじゃい‼　もう一回言ってみい、あ～！　どこの組が大したことないやと？　お～？　言ってみんかい!!」

「は〜！　知らんがな!!　〇〇組なんかしょっぽい。大したことない組やろ!!　のこのこ出てきてよォ！　何もできへんやろが!!」

今なら思う。当時のワシに絶対言ってはいけない言葉やった。

殺すしかないと、腹が決まってしまう。

「よう言うたなァ。舐め腐るんもええ加減にせえよ!!　マスター、ドア開けてくれや」

店のオーナーにドアを開けさせた。

「ワシは〇〇組、行動隊長のてつじゃい!!　よ〜く、脳みそに叩き込んどけや!!　こいつぶち殺してまうど!!　おどれらも半殺しじゃ!!　腹決めんかい!!　コラ！　おどれ□□組の残党や？　堅気やないかい！　笑かすなボケ！　格好つけて残党とか抜かすなカスが!!」

ワシは後ろから首に腕を回し、椅子から引きずり下ろした。

「やったな！　やったなァ!!」

そんなことも言っていたが、もう逃げ出すには無理な体勢やった。

「あ〜!!　おどれ!!　アホか！　殺すのにやったもクソもあるかい!!　黙っとれ！」

ジタバタしとったが、ワシは１８０センチ以上の大男。デブではないが、力はそこそこに、ある。

今度は無理矢理髪の毛を掴むと引きずり回した。外へ出る店内の途中、通路でヘッドロックに持ち替えて外へと向かった。

喪失

お仲間さんは完全に戦意喪失や。

「すいません、勘弁してください。そいつ、酒入ってるんで。指落とすんで。そいつホンマは口が悪いだけなんで」

「黙っとれ!!　おどれらも全員ぺちゃんこや!　くだらん御託並べて抜かすな!!」

これで一喝や。そして、店の外へ出る。

なんじゃ?　こりゃ……。刑事や警察が何十人もおる。ワシはヘッドロックを外した。

「デコが何の用事じゃい!!　関係ないやろが!」

すると、ワシらの方に10人ほどが寄ってきた。相手側には5人ほどが寄っていく。

「お前!!　やったるど!　覚えとけよ!　忘れんぞ!!」

あのバカや。ワシのヘッドロックから解放されて、息を吹き返したんや。その馬鹿だけが、吠え続けとった。

「手、出してないどォ。あいつらに聞かんかい。忙しいんじゃ。帰るぞ」

デコに向かってそう言った後に、黒田に伝える。

「兄弟、車、頼むぞ。帰ろかァ」

無理矢理に、デコを跳ね除けて車へと乗り込む。結果、車を出させまいとする警察との押し問答が30分ほども続いた。ワシと黒田の身分証を確認する。相手から、手は出されていないと確認が取れたので、半ば強引にやが、その場を脱出することができた。

ミラーを見ると、30人以上は集まっていた警察の姿が確認できた。

黒田が、八木の若頭に連絡をした。

「ご苦労様です。……で、兄弟が外に引きずり出したら30人以上デコが来てまして。はい、何とか脱出できました」

すると、親分も外で待機しとる、会長はブレーンと飲んでいるので、とりあえず内容は話しておくから合流しろ、とのことであった。ワシと黒田は、合流場所へと向かった。

親分から言葉がかけられる。

「おう、てつ、黒田、お疲れさん。話は聞いたぞ。ワシらは店を移動してる時に、たまたまあの店の近くの大通り通ったんや。ほんなら、パトカーと覆面とバイクも10台以上おったなァ。山盛り並んどるから、会長と何か事件かのう、なんて言うとったんや。まさか、お前らだなんて思わんかったわい。あの数のデコからよう出れたな。達者やないかい！　ほんで、どないやねん？　八木から話は聞いたけど、この後やなァ」

「はい。当たり前ですが、連絡先調べて、とことんぺちゃんこにしたろ思うてます」

「せやな。そうなるのォ。今日の飲みが終わったら、会長に話すからのう」

親分に言われた。少し経つと黒田の方に店のオーナーから連絡が入った。

どうやら、「これはヤバすぎる」と感じた他の仲間がデコに通報したのだという。

一応、敬ってきとるという話やった。

「そうかァ。てつ、だいぶやったんやな。しかし、元極道がデコ逃げか。全く。ホンマ、情けない奴らやのォ。後はとことん詰めて、終いやな」

当時のワシは、そりゃなあとは思うとった。喧嘩になりゃあ、こんな奴らには、勝ち目などなかったんや。こちとら、看板背負ったプロですやん。素人さんに、勝ち目なんてあらへんがな。

激励

親分たちと2時間ほど、会長の警備に就いた。そして、会長を見送る車の中で、親分が会長に話をする。

するると、居酒屋に寄るから皆上がれということになる。

皆、会長に挨拶をすると席に着いた。

「おう。今、林から聞いたどォ。てつゥ、やるやないかい。お前、相手ェデコ逃げするなんぞ、まだ若いのに上等や。焦って震えとったんちゃうんかい！　ぐわっはっはっはっはァ。そや。それでええんや。ワシの看板に砂かけるクソガキなんぞ、とことんいけよォ。ワシの看板やからなァ。ぐわっはははは！　上等上等やのォ、てつ。ぐわっはっはっはっは！」

会長はめちゃくちゃ上機嫌になっとった。酒が入っていたのもあり、気分もよかったのだろう。

「おい。あとはなァ、林が仕切ってクンロク入れとけなァ。皆もなァ、何があるかわからんからな。油断せずな。絶対喧嘩は負けるなよォ。うちは勝ち続ける。武闘派やからのう。今日も美味い酒やのォ。ぐわっはははは」

そう、締めくくった。会長を送り、親分の店で少し話をすることになった。

「てつゥ。黒田も、男上げたなァ。会長はな、喧嘩大好きな人やからのう。久々に、めっちゃ機嫌よかったのォ。デコも、抗争の警戒があるからのォ。あんなん集まったんやろな。ワシも、あんだけのデコや車の数、初めて見たわ。とりあえずてつゥ、クソガキに明日連絡入れてなァ。謝りにこさせろや。それで、軽い灸据《きゅう》えたら終いちゃうかァ。こんなしょうもない奴、突きまわしてパクられたら、この時期に損しかないからな。てつ、頼んだぞ」

次の日、ワシはあのクソボケに電話をせなあかんかった。

「おう、昨日の○○組のてつや。あんだけ看板に砂かけて終わるわけないやろ？　顔出しにこんかい。納得いかんなら、道具でもなんでも持ってこいや。逆に撃ち殺したるわ」

「昨日はすんませんでした。顔出すのは無理です。勘弁してください」

「あ？　おどれ！　何抜かしとんじゃい!!　ボケが！　ガキのままごとちゃうやろが!!　舐め腐るんもええ加減にせいよォ？　最後まで調子乗って、なっさけないやっちゃのォ、あ？　デコまで呼んでェ、ワレ！　頭ァ沸いとんかい!!　次はないどォ。おどれ!!　殺してまうど！　あ？」

当たり前の啖ましを入れる。すると、何を血迷ったのか、手のひらを一気に返した。

話の流れが急に変わる。

「知るか！　下手《したて》に出てれば調子乗りやがって!!」

電話を切りやがった。

それから、何度電話をかけても取らなくなった。その5日後、どんな風の吹き回しやろか、向こうから連絡がきた。

「おい、今日7時。この店来いや」

いきなり指図してきよった。

「なんや？　逃げ虫くん。どないしたん？　仲間でも集められたか！　かまへんぞ。弱いもんイジメがワシの仕事やからなァ。いじめに行くんが楽しみやわ。お前、ワシに殺される覚悟しとけや。ダボ‼」

電話を切ると、親分にその話の流れを伝える。

親分と若頭は、本部会議で行けぬ、再び黒田と行けとのことであった。ただ、ビルには誰か張りつかせて、何人来とるか確認してから乗り込めとの指示や。しかし、オーナーと店長もあの場にいたのでと、呼ばれとった。相手の人数を伝えろとメールで指示を出す。

孤軍奮闘

夕方の6時、黒田が迎えにきた。

「おう、兄弟。ご苦労さん。こりゃ、どないなるんかのォ。この時期やからな。ワシらの事件が抗争の始まりなら、間違いなくヤクザの歴史に残るぞ」

「ご苦労さん。いやあ、兄弟。ワシこんな流石に緊張するわ。初めて、ヤクザの喧嘩ってやっぱ堅気の喧嘩と全然ちゃうわなァ」

「せやな。これで相手が道具持ってドンパチなったらそれこそやで。ワシらが、映画やテレビで見とったホンマの抗争いうヤツや。そんなんなったらなァ。ワシかァ？　怖くない……ことはないで」

　肝が据わってきたとはいえ、流石に多少は怖さを感じていたし、緊張感もかなりあった。張り詰めた糸は、ピンピンになっとった。目的地の近くに着くと、車を隠せる場所に停めた。

　7時まで、時間はまだある。待っているとオーナーからメールが入る。

「高級ワンボックスに、見た目バリバリヤクザの3人と、この前の奴ら3人、全員で6人です。非常階段に3人、ヤクザは隠れてます」

　メールを読み上げた。

「兄弟、後ろからヤクザ、出てくるつもりやな。最初からおったら、逃げる思われたんちゃうか？　舐めとるのう。まあええわ。ワシ、店入ったらいきなり暴れて、あのバカぺちゃんこにするぞ。兄弟は……できる限り、頑張ってなァ。オーナーら入れたら6対4や。ま、なんとかなるんちゃうか」

苦笑いもしてまう。

「ヤバいなァ。ワシ、ごっつい緊張してきたわ。八木の若頭に、人数と今から行くと連絡しとくな」

若頭に連絡を入れる。

「こりゃあ、どうもならへん思うたら道具使え。わかっとる思うが、負けはないぞ」

映画やテレビ、極道たちの話によると、道具を持ってドンパチとやっとるが、そんな簡単にはいかへん。ワシらかて、人間の端くれや。

これで長い間は刑務所暮らしか。逆に、殺されへんかいなあ。逃げ出したいわ。ホンマ、ものすごく色んなことを考えてまう。

事故に遭った時、時間がスローモーションになったみたいな。そんな風に、色々な想いが走馬灯のように頭を駆け巡る。

こんな時はホンマに、色んな想いが頭の中を駆け巡りまくっとった。人によっては、あまりの緊張感に嘔吐する者もおるという。抗争や、極道同士のドンパチ覚悟の喧嘩とは、こういうもんや。これほどまでにも、緊張の極みに達することは他にない。

「よう兄弟‼　行こか」

「はいよ」

ワシらは、ビルに向かって歩いた。

現場は6階やった。上のボタンを押して待つ。

とそこで、あろうことか酔っぱらった知り合いの女が、ワシらに話しかけてきた。

「黒田さん、てつさん、何してるんですか?」

ワシらが飲みに行くとでも、思ったんやろう。

「私も一緒に連れていってくださいよお」

ワシらもまだまだヒヨッコやったんやろう。ピリピリして現場へ向かったのはいいが、酒の入った女には、話しかけられる。まだまだやったんや。そんな雰囲気しか、出せてへんのやろう。

珍しくも、黒田が一喝した。

「じゃかしいわ‼　遊びに行くんとちゃうんや」

だが、酒が入った女には全く通じない。

「え〜。怖い。でも楽しそうやん!　私もついていく」

こいつ、面倒やなあ、なんて思っていると、エレベーターが到着した。

「すまんなあ。機会があったら皆で飲もな。今日は大事な用事やからのう」

そう言うと、ワシはエレベーターに乗り込む。極道やからといって、すぐに怒ったりするものではない。緊張感の中でもそれなりに冷静さは保てるもんや。

酒の入った女は絡むと、厄介や。気分悪ならんように気を使ったり。面倒くさい。まあ、会長らクラスになるとそうはいかんのかもしれんが。

エレベーターが昇り始める。ワシは頭の中を暴力だけに集中させた。暴れることだけを考えた。心臓が高くなる音は限界を超えた。武者震いがして、興奮の渦の中でアドレナリンが放出されとった。

エレベーターの表示は5階を示す。次の階や。正直、頭の中が真っ白になった。

そして、エレベーターが示すのは6階。エレベーターの到着音が、ゴングのように鳴り響いた。

ワシは、エレベーターを出て現場のドアを勢いよく開けた。

「コラ！　何様じゃ？　おどれら！　誰を呼び出しとんや‼」

入ってすぐ、右手のテーブルを蹴り上げる。カウンターには、ボトルの山が飾られていた。ワシはボトルを2本立て続けに、その山めがけてぶん投げた。自分でも、驚くほどに、ものすごい音が鳴り響く。ボトルが割れて飛び散り、氷に水に酒にと床一面をビチョビチョに汚してぶちまけとった。ワシは、阿呆に歩み寄った。

「ワレ!!　半殺しじゃすまんど！」

援軍

慌てた様子で、同業者らしき者たちが入ってきた。

「ちょっと待ってくださいやァ。兄さんらが○○組の人たちでっか？　ワシは□□会で若頭補佐しとります。三井と申します。あのバカが迷惑かけたようで、ワシら間に入らせてもらいにきたんですわ」

見た目は昭和なヤクザやった。□□会は有名な組や。しかし、母体は同じやが、ワシのおった組の方が立場は上や。同じ母体であれば、立場が上の組に下の組が逆らうことなど言語道断。許されることではないのだ。ましてや、喧嘩を売る買うなどあってはならない。何なら重い処罰を受けるであろう。最悪、絶縁になるかもしれんな。

ワシの組では上でも関係あらへん。徹底的に殺れと教育されるイケイケの組やった。そして、そんなイケイケ魂の会長は有名である。極道の有名どころの名家や。

今回は、立場が下である□□会は何もできへん。それでも今回の揉めごとを、最小限の被害に抑えようと必死に目的を果たそうとしている。

「そうでんねん。ワシは○○組の行動隊長てついいます。こっちは、親分秘書の黒田です。失礼でっけど、□□会さんが何の関係で来てますの？」

相手の中の1人が、半グレのような奴で、商売しとったらしい。

「コイツですわ。商売しとりましてね。長い間、つき合いで面倒も見とるんですわ。今回の○○組さんへの失礼と、こんなことになりましてどうにもならんと、泣きついてきましてね。お話できればと、会いにきました」

かなり、丁寧な物腰で話しかけてきた。

「ホンマでっかァ。せやけど、このボケ!! 組の看板に砂かけよって、挙句にデコは呼びはるわ。ワシの判断だけじゃあ、どうにもならへんのでね。ワシの中では最低でも半殺しや思うてますがね。なんせ、堅気に砂かけられたんやで？ 極道の面子ありまへんやろ？ どないな教育してんねん」

「ちょっと、そこは勘弁してください。ワシら出て、こいつら半殺しじゃ、ワシらも何もできんかったと、□□会が舐められます。こいつら、半殺しにするなら、ワシらかて違う形取らなあかんなりまっせ」

正直、ワシに判断などできるわけがあらへん。当たり前や。

間に極道挟んで話したことなんてないんやから……。こうなれば、ワシや黒田は無力に等しい。あとは、上の指示で動くだけや。あとは、目一杯極道の仕草をしてみる。カウンターの椅子をひとつ握る。力強く中央に置くと座った。

ドン、と鳴る大きな音に、皆がリアクションを取る。

「わかりましたわ。ワシらん中では、こいつら殺《や》ることになっとりますが、□□会さんの考え、上に伝えますんで、少し待ってください」

「黒田ァ、林の親分に電話してきてくれ」

ワシは、こりゃ、大事なるかもなあ、思うとった。

そして、こんな状況で対応できぬ己の力のなさ、知識のなさに、格好悪いのォと、なんとも情けない気持ちや。

黒田の電話が終わり、帰ってくるのを待つ。

ちなみに、□□会の若頭補佐という役は上の方の人間の役職である。せやから、□□会でも立場が上のモノが行動隊長のワシに敬語やったもんで、ワシも敬語を使ったんや。こういう時にも、どんな対処をしたらいいのか。話し方はどうすればいいのか……、なんてわからんかった。まあ、今思うと、あまりにも偉そうに上からモノ言わん限りは、話し方なんてどうでもよかったのかもしれん。黒田が帰ってきた。

「上に話は全て伝えました。三井さん、個人で話しにきたなら、こいつらはとことん殺ります。三井さんが□□会の看板と共に話しにきとるなら、直で話すから、電話変われや言うとります。どないしまっか？」

「わかりました。電話変わってもらえますか？」

秒の間もなく、三井が返答した。三井が電話を持って外に出る。ワシは、なるほどと1人で頷いた。こういう時は、個人か組で来たかによって変わるんや。確かに。

これで話がまとまるんなら、あとはどう締めくくろうかや。この案件はもはやワシの手から離れて、親分らの解決案件になっとった。三井が戻ってきて伝える。

「黒田さん、てつさん、ご苦労様でした。日を改めて、林さんら含めてワシとこいつらと話すこととなりましたわ。おい‼　お前ら！　しっかり頭下げんかい‼」

三井が一喝する。

「すいませんでした！」

阿呆を筆頭に、全員が土下座で謝ってきた。ワシも言葉を加える。

「おどれら！　□□会さんも出てきて、どんな形なるかわからんかったぞ？　極道の喧嘩を甘く見過ぎや。舐めとったらあかんど‼　ワシらも、三井さんらも今、ピリピリしとる時期やぞ？　おどれらも極道やっとったらわかるんちゃうんかい！　次はないど？

こんなおどれらのヘタ打ちに!!　三井さん、出てこれんとこやろ？　頭下げんかい!!」

再び全員が、三井に対してすいませんでしたと声を張る。

「ほな兄弟、帰ろかァ。三井さん、ご苦労さんです。ほな、ワシら帰りますね」

「ご苦労様です。林さんによろしゅう言うとってください」

ワシらはビルを後にして帰宅した。

茶会

親分たちは当番である。なので、この日は家に帰ってゆっくりすることができた。

家に帰り、横になって目を瞑った。

いやあ、それにしても無事に帰れたな……。なんだかんだ焦るわ。怖かったんもあったしなァ。三井なんて、道具持ってたんやろか？　やっぱ組はこっちが上でも、個人で考えたら、ワシらよりも三井らの方が上やったなァ。正直、こんな日が何回もなんて嫌やわ。でもこの先、もっともっとやべえ喧嘩にもぶち当たるんやろな……。

そのまま眠りについた。

いくら極道でも、同業者同士で道具が出る喧嘩はしたくないもんや。人数の差や、戦力の差などにより怖さを感じることなど、なんぼでもある。自分の判断で答えを出せぬ時も、なんぼでもある。これが現実やと思う。ピラミッドの頂点に立たなければや。ただ、何度も何度も経験していくうちに、怖さなど感じなくなるのかもしれん。せやけど、そこまでに達するには、相当の修羅場を潜り抜けていかねばならんのやろう。

華々しくデビューしたような気持ちやった。他の組との揉めごとのまとめ。上部団体の会長から激励の言葉ももろた。ワシは漢《おとこ》として、一皮剥けたやろか……。

数日後、会長によってオーナーの店に集められたのは、親分に若頭、ワシと黒田、それに□□会の三井ともう1人。それにあの場にいたやつらも。三井ら2人、親分、若頭、相手2人の計6人が店の中に入った。ワシらは外で待つことになる。

予想よりもだいぶ早く、1時間ほどもすると店から出てきた。

「おい！　てつぅ。こいつら、二度とワシらの前で歩かんことになっとるからなァ」

あとで聞いた話によると、所払いで見かけたら三井らが指導、または消すということで話はまとまったらしい。

それが会長の方針である。会長に優しさなどなかった。親分はこう言った。

「元極道で組がなくなり、暴れとうて暴れとうて……。暴れた相手が悪過ぎたんやろが。しっかりクンロク入れて所払いやで。今回は手は出すなや。どうせ堅気やないかい。これで□□会側の人間かて、渋かろうが顔は立てられるやろ」

そうや。今回の終わりに関しては、会長がだいぶ表に出たみたいやった。結果、無論やが、誰も捕まることもなく、怪我することもなく、勝っていい結果に終わった。ワシと、黒田以外……。

置いてけぼり

ワシの思いとは関係なく話はまとまるもんや……。

せやけどォワシは、ただただ苦しかった。1人、格好悪い姿やなあとへこむ。□□会が出てきてから、ワシと黒田は蚊帳の外や。どうしたらいいかもわからん。親分なんて、たったの10分程度でまとめた話や。挙句の果て……。会長は、□□会なんて関係あらへん。自分の思っとることを思うた通りにしただけや。相手の□□会も、ワシんとこの組が相手なら、ある程度の結果で終わってもしゃあないと思うてたんやろ。

会長の手打ち条件。所払い。そして、こいつ見かけたら□□会が責任を取る。

会長が送るメッセージ。

「お前ら‼　わかるやろ‼　ワシの組は武闘派××会やぞ！　殺さんだけ助かった思わ

んかい‼」

ただこれだけや。

ワシがやったことといったら、店の中に入って机を蹴飛ばす。空き瓶を投げつけて床を汚して、最後に極道目線から物事を言っただけや。これじゃあ、何の解決にもならんのですわ。結果的に、ワシと黒田は無力。なんや。ワシは無力やないかい。せやなァ。ちょいと、気合を入れて一から極道を勉強せな、まだまだヒヨッコや……。

バシッと話、決められる極道に1日でも早くなるんや。そう固く決意をさせた。ワシには、悔しい事件であった。

やはり、ワシの理想といえば……。揉めごとなんて3分。喧嘩は、ワシの名前聞けば相手が逃げる。こんぐらいやな。こんなぐらい勢いのある極道がワシの理想やった。せやから、この一件でワシは、極道としてとことん……、極道として、とことん力のなさを感じていた。そして、男としては、苦しいモノしか残らなかった。

第五章 命がけ
ヤクザの仕事と人間関係

ダメな舎弟頭

話は変わるが、ここで少しだけ舎弟頭である山本の話をする。

ワシがこの組に入る前に、親分の仕事の手伝いで、銭の回収を一緒にしたのが山本や。その時の話は前に書いた通りや。この山本、銭の回収もダメなら、女の話すらもダメな男やった。

好きな女ができたらできた言えばいいモノを……。山本の場合、組員にも言わずにコソコソとするから揉めごととなる。しかも、相手は、親分の女がやっとる店で働く女や。その女と、山本のしょうもない話やった。

女は旦那持ち……。堅気とはいえ、組の店で働きながらも家庭はしっかり持っとる。ワシは、恋愛には疎い人間だったもんでちとわからんが。誰かが人を好きになったり、嫌いになったりするんは、自然のことで仕方がないのではと思っていた。

せやけど極道界ではちょいと違う……。やはり、親分の店ということは、多かれ少なかれ親分のシノギのひとつということや。親分のシノギということは、店の女の子も同様。多種多様の女の子たちは、組のシノギを賄ってくれとる商品でもある。

仮に、どうしても恋愛になり、女の子とできたとなると、その子が辞めた場合などの次の展開を考える。恋愛自体を黙っていたら、次の展開を予想もできなければ対処もできない。

惚れた女が、組の店の子やったというのは仕方がない。ならば、惚れた女が店を辞めた後のことも考えなければならない。女が辞めたら、店には新しい女の子が必要である。それに女に家庭があるならば、組に揉めごとを持ち込むことになる。組の店で知り合い、浮気に走った挙句に家庭崩壊を引き起こすなど、絶対に避けたい。

もちろん、山本はそんなことを考えない。そして、ついに親分にバレた。山本はボコボコにされる。当たり前のように、クンロクを入れられた山本は身を隠した。組員たちは数日間、山本と連絡が取れなくなった。しかし、親分の命令で黒田が山本のマンションを張り込むと、山本はおめおめと出てきたところを捕まった。

その後、親分はかなりの長い時間を、山本との話し合いに費やした。結果、「つき合うのは許す。だが、女の生活が山本中心になり、仕事辞めるとか、旦那にバレるとか、ややこしなったら許さんぞ」ということで、決着はついたらしい。絶対あかん言われると思うとったが、親分にはどこか優しさがあったんやと思うわな……。

しっかし、山本はとことんダメな男である。今度は家で大麻を栽培したことがばれて、捕まったのである。

もちろん、山本が大麻を育てていたことは、役職持ちは皆知っていた。ベランダに簾《すだれ》を巻いて堂々と育てとったのは有名な話や。当たり前のように警察にも目をつけられとった。そして、ガサ入れで捕まった。しかもその時、隣で一緒に寝ていた店の女も同時に捕まってしまう。ジーザス……。

山本の一件を聞いた親分は、久々に呆れ切った顔をしていた。ちなみに女は、体から大麻の成分は出ず、持ち物からも何も出なかった。そのため、10日ほどで身柄は釈放された。その後はどう旦那と話したのかは知らんが、親分の店で今まで通りに働いた。

山本は薬物の前科も含め、懲役に行くことになった。そして数年後のことや。山本が刑務所から出たという。どこで、何をやっていたのかさえもワシは知らん。せやけど、親分は、何とか一度話そうかと電話番号を調べ上げたそうや。それから連絡を取り、一度話し合うことになっとったらしい。

せやけど、そこは流石、山本である。親分に会う数日前、今度はシャブで捕まったのである……。ワシはこの後、二度と、山本とは、会うことも絡むこともなかった。

八木の若頭から聞いた話によると、山本は、極道としては歳の割りに新顔らしい。昔は、薬物商売のお得意様の顧客であった。それが、ヒョンなことから組員になった。八木の若頭がひとつ、ワシに教えてくれたことがある。

「山本は、極道入りたくて入ったんちゃうんや。極道になれば薬も扱えるし、安く手に入る。せやからァ、組に入ったんやで？　ワシら、絶対そうや見てたからようわかるわ。てつもなァ、わかるやろ。薬がめっちゃ好きとかな？　今イチこいつ、何が目的でこの組入ったんや？　いう人間はようさんおるからのォ。極道こそ、人を見る目をつけなあかんいうことやで？」

山本は本当に、極道の中でも、何か少し違うとは思っていたが、それが何だかわかった感じであった。女、酒、シャブという、ベタにアカンことでトラブったのが山本である。

歯車

話は戻る。ワシなりに、極道らしいことをしていると思うことがある。極道には極道なりの信頼関係があったりもする。その世界におった者にしかわからん団結力というモノは否めない。男くさい世界の男の中の話やけどな。

「組員は嫌ですが、てつさんのためならばとことん力んなります」

こんな感じで、てつの第二部隊とでもいうような者らが、少しずつ増えてきた。中には、「女、子分にしてくれ」なんて、言いよる人間がいたりもする。

こんなこと言ったらあきまへんのやろが、元々の親分の応援者や、シノギ仲間。その中にも、嬉しいことを言ってくれる人間はおった。

「もちろん、親分には力貸します。ですが、自分はてつさんです。てつさんに力貸して、絶対上にあげたい思うとるんです」

こうして、少しずつやが、ワシにも、ブレーンと呼べる仲間が増えてきとった。せやけど、時代はヤクザには厳しい。ヤクザ登録をすると、もう、何もかもできない。せやからワシは、自分のために動いてくれる人間を周りに集めた。いわゆる、半グレ集団のような。

そんな、半グレともいえる人間の中にも、ワシの味方や言うて、集まってくれはる人間が増えてきていた。まだまだ未熟な極道の自分についてきてくれるなら……と、男の意地を張ることを決めた。

そんな、組にも上げず、組員たちにも教えていない第二部隊といえる存在は、割りと多くいた。暴力ができる人間もおれば、パソコンが得意な人間もおる。多種多様な、人間の繋がりができていったんや。この部隊のことも、ワシはええように可愛がった。

次、もし極道同士の喧嘩になったらと考える。戦争になれば、人数は必要や。そうなれば、数打ちゃ勝負である。人数呼ばれてすぐに動ける第二部隊があれば、前より喧嘩を有利に進められるやろう。前のような虚しい思いをしないで済むやもしれん。ワシはそう考え、何が正解か不正解かわからぬが、強い気持ちでいなければと思った。

そんなある時、第二部隊の1人である長野が言った。

「兄貴ィ、ワシ、もちろん、兄貴についていきたくて。今の形じゃなくて、組員になりたいです！」

「そうか。せやな。せやけどォ、ウチの組はごっつい、ごっつい厳しいで？　ホンマ、ごっついキツイし、所作も厳しいと有名な組やで？」

「ただァ、ひとつ。自分、白（シャブ）が大好きなんですが、やっぱり駄目ですよね？」

「あっ、その点なァ。簡単に言えば、バレたらアウト。バレんかったらセーフやで。商売も。ちゃんと、親分に筋道通せば、問題ないで？」

「ホンマですか。自分、極道で兄貴についていって、色々知っていきたいです！」

ワシは、長野自身のことを詳しくは知らなかった。せやけど、ワシ自身、極道になりたい言う人間の気持ちは、多少なりともわかる。それと、親分との「運転手を付けろ」という条件も満たさなければならない。このことは、ずっと気がかりではあった。

勝手な思い込みやけど、極道のお偉いさんなんかが、よく車の後部座席にドカッと乗り込むシーン。そんなん、なんかあるやろ？　せやから、極道たる者、車の後ろの座席にどっしりと構えとったらええんちゃうんと、心底思っていたんや。そろそろ、1人ぐらいは下につけなあかんなあとも、思ってはいた。

「ほな。ワシの運転手でいいんか？　ホンマ、しんどい世界やで？　せやけど、ホンマ、やるんか？」

「はい。兄貴！　ありがとうございます!!」

ワシの若い衆第一号の誕生である。こうして、長野を組に登録することになる。

せやけど、この長野。こいつは、ワシの第二部隊に留めておくべき存在であった。極道に上げるべきではなかったのかもしれん。この長野が原因で、次々と問題が起きていくことになるんや。

「ほんなら明日な、親分に伝えるさかいなァ？　たぶん、そんなら、何日後かにワシの運転手付きになるからのォ。その時に親分には紹介するからな」

次の日、早速ワシは親分に電話をかける。

「親分、約束通り、運転手を付けよう思います。名前は長野です。極道になりたいらしいのですが、よろしいでしょうか？」

「おう、そうか。てつ、よかったやないか。やっと若い衆1人ついたか。来週の水曜のミーティングに連れてこいや」

親分はそう言うと、このことについてはこれ以上長く話すことはなかった。

刑事と××

火曜日の朝、何気なく外に出ると、明らかに刑事やとわかる男が近寄ってきた。

「てつさん、おはよう。この前、喧嘩したやろ？　被害、出てるやんけ。行きましょか？」

この日は、長野を親分に会わせる予定やった。なんと、そんな大切な日に捕まってしもうた。しかも……、接見禁止や。

誰とも連絡が取れない。ホンマかいな……。どないしよう、なんて考えたところで接見禁止や。接見禁止じゃどないもできへん。

署に着いたら顔見知りの中野刑事が寄ってきた。

「てつさァん、暴力ですか？」

数日前、どこかの組員みたいな2人組に絡まれて、ギリギリのところで勝ったという出来事があったんや。

「あ～、中野さん、勘弁してくださいや。2対1でェ、ワシも、どつかれてまんがな。

お互い様でよろしいでっしゃろ……」

「まあなあ。相手は2人共、今でも空手家や。まあよう、頑張って勝てたもんやと思うで？　てつさん、やるやん」

中野刑事は、ワシの話を聞きながらニヤけ顔をしちょる。

「中野さん、今日はね、めっちゃあかん日やったんや。ワシのォ若い衆を、組員に上げるため、親分との顔合わせの日やったんや。やのに、接見禁止やで？」

そうや。絶体絶命……。もはや、どないもならんかった。

「ホンマに言うてんの？　そりゃあ、悪い日やった。ごめんなあ。伝えてあげるわ。で？何と言うとこか？」

「へ？　ホンマか？　伝えてくれるんなら助かるわ。すんません。ほな、この前、絡んできた2人組との喧嘩で捕まりましたということと、長野の電話番号を伝えてもらえますかね？」

「ええで。ほな、先に、そっちの親分に連絡入れてくるさかい、待っとってなァ」

ホンマ、中野という刑事は、めっちゃ面白い。ホンマに、極道が大好きな刑事やった。

「てつさん、伝えてきたで」

「ありがとうございます」

「親分さんが言うてたで？　喧嘩ばかりするなよってな。まあ、ウチの組のスタイルや。気にするなとも言うてたでェ。ほんで？　今回、どないしたん？」

「その日はなァ、警備終わってから、近くのコンビニで降ろしてもろたんや。ほんでな、外でタバコ吸うてたらな、ええ車に、ワシらみたいな格好した兄ちゃんが降りてきてな。ワシの方を見ながら、どっかのチンピラやろ？　みたいなことを言いやがったんや。まあ、ワシも、一回は我慢してんねん。せやけどな、また、すぐに出てきてな。ホラな？　見た目だけやなんて、すれ違いざまに言うてきたんや」

そうなんや。だんだんこんなふうに因縁をつけられることもなくなっていくが、この頃はまだまだやった。たまに、変な人間に絡まれることがあった。

「なるほど。そりゃあ、てつさん、怒りますわね。ただ、試合に出られんかったんが悔しいみたいでなあ。ヤクザにどつかれたなんて、訴えとるみたいやん」

つくづく思ったわ。空手家も、喧嘩あかんやろ……。それにしても、確かにや。何か、やたらと、めっちゃ強い思うとったわ。

「ホンマでっか？　どないしましょ。信じてもらえんかもですが、ワシも、何発も殴られてますからねえ。ちょいと、一方的過ぎちゃいます？」

「てつさん、どうやらホンマっぽいなあ。ほな、こっちから、上手いこと言うて下ろさせるわ。ワシは、こんな奴らやったら、断然、てつさん派やからねえ。ハッハッハ！」

中野はホンマ、面白い刑事やった。

そしてワシは、弁護士に無理言うて、相手に送る手紙を渡すよう説得した。

「堅気や思わんかってなあ。ごっつい、喧嘩も強かったしな。空手家やなんや、試合に出られんかったんか知らんがな。素人のワシに負けて、空手の試合に出て勝てるわけがないやろが。ワシの職業、考えてみろ。喧嘩の結末は、ひとつやないど？　ワシには、ワシのォ、納得のいく終わり方っちゅうもんがあるからなァ」

遠回しの「脅迫文」っちゅうやつや。その2日後、中野刑事がやってきて言った。

「てつさん、あれはあかんやん」

笑っとる。

「あれは、どっからどう見ても、×な手紙やで？　次は、あの手の手紙は通さへんで？で、どないする？　てつさん、最近疲れとるやろ？　何なら、10日目安に、被害届け下げさせよか？」

「中野さん、すまんなあ。何から何まで。ワシャあ、頭、上がらんなりますわ」

中野刑事の、粋な計らいにより、ワシは10日間の拘留の後、出られることになった。

せや。ワシにとっては、久々に眠れるだけの休暇がやってきたんや。ホンマに、毎日バタバタと忙しなく、携帯はいつでも鳴りまくる。朝は早くて、夜は遅い。いつ寝てるのかすらも、わからん生活。10日間の拘留は、そんなワシにとっては一種の休暇やった。

そんな、休暇の10日間。ワシは毎日、中野刑事と話をしていた。ワシらが話せるギリギリの話やった。色々な組の情報、何か、火種がありそうな話や、警告、などなどや。情けないが、ワシといえば、10日間の拘留期間の間は、ゆっくりしたのではない。10日間、極道のワシが、警察学校警察塾の中野先生に、近年の暴力団内部をガッツリと、勉強させてもろたようなもんやった。

10日間の拘留の後、その日は、新しく組に上がった若い衆の長野が迎えにくる予定やった。

「てつさん、10時位に迎えがくるので、帰りの準備お願い致します」

看守のおっさんがワシに言った。そして、少しするとまたやってきた。

「てつさん、ほな、出ましょか」

若い衆

留置場のドアを開けると、そこには中野刑事が待っていた。見送りや……。全く、この刑事にはつくづく頭が上がらん。

　迎えには、親分と長野が待っていた。

「親分、ご苦労様です。自分ごとで、わざわざすいません！　ありがとうございます」

「長野ォ、すまんの。変なタイミングで捕まってもうて。迎えも、ありがとうな」

「てつゥ、お疲れさん。お前、す～ぐ熱くなるのは悪くないけどなァ。自分ごとは、ほどほどにせなあかんぞ」

「中野刑事、てつがすいませんでしたね。こいつは今、ウチの組で一番イケイケでなァ。まあ、昔の暴力スタイルいいまっかねえ。面白いけど、難しい奴なんですわ。またこいつ、何かやらかしたら、よろしゅう頼んます」

　親分が、中野刑事に物腰低く挨拶を交わす。

　これまた、当たり前のことかもしれんが、親分という人は、刑事に対しても物腰低く出られるタイプの人やった。ワシは常に……、刑事に対しては、何を話すにしても、喧嘩腰にしかよう話せんかったんや。ワシは、刑事に対してすらも物腰低く柔らかく、人の道は通すという親分のやり方は、見習うべきや思うた。

　中野刑事に頭を下げて、ワシらは車に乗り込んだ。運転手は長野である。

「てつゥ、何だかんだ、ご苦労さん。あの日は、長野と会う日やったから、タイミングせしたからな。流石に会長にはちとまだ早いから、もう少し時間経ってからやわ」

親分の話は続く。

「あと、お前やるな。中野と、少し話したけど、言ってたで？　お前ェ、喧嘩売られたから買うて、殴り合いになっただけ。それも、極道やから仕方ない。あとは話すことは何もない。ないから黙秘やて、そんだけ、言うたらしいのォ。１００点満点やないかい！　それで、ええぞォ。中野も、よう教育できてますのォ、なんや言うてきたからのォ。ワシも、ごっつい気持ちよかったぞ。おい、長野ォ、兄貴のいいところ、しっかり勉強して頑張れよ」

親分は、褒め口上が止まらんくて上機嫌な日やった。

この中野刑事に関する話をすると、信じてもらえんことも多々ある。せやけど、刑事も人間やからのォ。いくら、極道が悪と言われようとも、人間対人間のつき合いはあるもんや。そうともなってくれば、相手の立場や、職業への理解もできてくる。言い方は、間違うてるかもしれへんが、刑事かて、便宜を図ってくれはることはあった。48時間、10日間、20日間。さて、どれにしよか？　なんて、意外に簡単なもんや。

しかも、ワシと中野は妙に気が合う。お互いに、男臭さが滲み出とるような人間やからやろか？　親分たちには毎回、ワシを、極道としてようできた男やと、立てたりしてくれた。なんやかや言うても、極道かて人間や。人間同士気が合えば、仲ようするようなええ感じの刑事もおるもんや。

ワシらは、待っていた黒田と八木の若頭と合流して、親分の店へと向かった。

「ご苦労様です。若頭、兄弟、自分ごとで組のこともできずに、すいませんでした」

「おう、ご苦労さん。てつ、まあ今回は短かったし喧嘩やからのォ。何とも言えんわ。ただな、今は、いつ抗争なるかわからへんからなァ。しょうもない喧嘩や自分ごとで捕まらんように気をつけろよォ、な」

「兄弟ィ、すうぐ暴力やん。若頭の言う通り、今はほどほどにやで」

ワシがおった組は武闘派。暴力事件に関して、怒る組員など1人もおらんかった。親分が思い出したようにこう言った。

「あ！　それとのォ、てつ。長野の紹介は終わっとるからな。それでのォ、組、皆で考えてな、勉強がてら当分、若頭の運転手につけるわ。それと、黒田が用事の時は、ワシの運転手さすからな」

なんやて？

「はい。所作などの教え、よろしくお願い致します」

それしか言えんやろ……。

都合よく「勉強」という言葉を当てはめて、運転手に仕立て上げただけやん。そう思ったが、ワシかて、親分にそんなこと、よう言えんわ……。せやけど、何や？　ほんでまた、ワシ専用の運転手見つけえいうことかい？　ワシが、免許持たない代わりに、運転手付けるいうて親分とした約束や。せやから、運転手見つけて紹介したらこれや……。疲れるの～、極道も。

その日は軽く飯だけ食ってから帰った。次の日には、早速、昼から親分が長野を使う日やった。

ヘタ打ち

夕方、親分からの電話が鳴った。

「おい、ワハハハハハ！　コイツ、強烈な奴やぞ？　前代未聞のヘタ打ちしよった。聞いたこともない。ある意味ィ、ヘタ打ちの伝説つくりよったわ。面白いぞ。ワハハハハハ！」

「ご苦労様です。すいません。そんなでかいヘタ打ち、兄貴として責任とクンロク入れます」

「かまへん、かまへん。逆に面白いわ。とりあえず、20時ぐらいに店に出てこいや。長野から聞くなよ？　ワシが話したるから」

ワシは、ホンマに「？」でいっぱいやった。何が何だか、わけがわからんかった。長野がとんでもないヘタ打ちをしたのは、間違いないんやろう。しかし、これまで親分が、ヘタ打ちに対して大笑いしていることなど一度もなかったんや。ホンマ、色んなパターンのヘタ打ちを、全力で死ぬほど考えたが、思い浮かばん。胸の中でヤキモキして、精神的に落ち着かない。そんな、イマイチ落ち着かない気持ちで店に着いた。

「ご苦労様です。何か、長野がヘタ打ちしたみたいで、ホンマ、申し訳ございませんでした」

「おう、ご苦労さん。こいつは、伝説つくりよったで。なあ？　長野ォ」

「親分、兄貴、すいませんでした」

謝りながらも、どこか、親分と一緒にニコニコしとるんや。

状況も知らず、イライラしとったワシは、無性に長野に腹が立った。

「おい!!　長野!!　ワレェ、何ニコニコしとんや？　なんか、ヘタ打ったんちゃうんかい！　歯なんぞ、見せんなや!!　ワレ!!　下向いて、反省せんかい！」

ワシは、長野の頭を一発殴った。

「てつ、待ったらんかい。まあ、話聞かんかい。こいつにな、組でよく使う道や店をなァ、教えたりながら、走っとったんや。ほんでなァ、踏切で止まったんよ。ほんならなァ、前から急に、ドンッちゅう音がしたんや。で、長野に、何の音や？　言うたら、停車位置、前過ぎて、ポールがボンネットに当たっとんや。チン、チン、チン、ドン!!　やぞ～？　わしゃあ、笑ろてもうたわ。傷ひとつ、入ってないしなァ。ワシ乗せる運転に、緊張しとったみたいやで。ワシも、面白いネタがひとつできたから、今回は許したれや。何事もなかったしな」

親分は、全く怒らずに許した。

なんや？　ワシが、間違うとるんかい？　こんなん、死ぬほど怒られるようなヘタ打ちや。ヘタしたら、一生運転手にも使われへんぐらい……、大ヘタ打ちやないかい！　ワシは、心底情けなくなった。顔には出さへんかったが、胸中、怒り心頭やった。それと同時に、これは、必殺の若い衆へのアメちゃんやとわかった。

間違いなく、黒田やったらどつかれとったやろう。その後、きっつ～いクンロクも待ち構えとったやろう。なんや？　ワシが間違うとる言うんか？

刺青と女と男

運転手見習い中。長野は、ワシの運転手のはずやった。それが、親分を乗せる車で、大のヘタ打ちをしでかしてくれたという。ちょうど、そんな頃、ワシは、週1のペースで刺青を入れに、彫師のところへと、足繁く通っていた。ワシは、何というか、自分の組と他の組を比べてみたいと思い、シノギや、若い衆へのしつけや、所作などをよく聞いて相談もした。

彫師のところに出入りする客はもちろん、極道も多くおるし関係者も多数おる。せやから、自然と、色んな情報があちらこちらから飛んでくる。ワシは、自分の若い衆のことや、今後どうしていきたいかということなんかをよく相談しとった。それに、毎回力になってくれとる。そして今も。

彫師の名前は千次郎《せんじろう》。ワシの刺青の先生や。その先生とは、もうかれこれ……、何年や？　ワシとしては、先生のように、色んなことを知っている人がいてくれると視野が広がる。どんな角度からも物事が見れる。そして、いい判断も出しやすかった。

あと1人……。否、夫婦でひとつやから2人や。橋本夫妻というのは、夫婦揃って、ワシのことを応援してくれとった。そして、今も。ワシより、12歳年上である。堅気ながらも、半グレや、元や、現役な極道たちの知り合いも多くいた。どちらかといえば、悪いことはあまりしないが、知識と顔がある。そんなこんなで、昔からよく相談をしていた。彫師の千次郎と同じで、ワシにとってのいい考えが出やすい相談相手やった。

ワシは、自分のことで物事を考える時は、必ず橋本夫妻か千次郎に相談をした。意外にも、立場など関係なく、自分ごとは、自分が一番信頼しとるブレーンに相談する者は多い。そう、ワシは、応援者たちの力を頼りにして、ヤクザ道を歩いていた。嘘のようだが、この人たちがいなければ、ワシは、100%違った極道を歩んでいたと言えるやろう。間違いなく、知識不足や、ヤクザに偏り過ぎた答えなんかを出してしまっていたやろう。そして、何事も上手くいかずに極道人生を終えていたと思う。

ヘタ打ちの代償

話を戻す。ワシの若い衆であり、運転手のはず、やった長野の話に戻そう。せやけど、こいつの話になると先が見えん。せやから、重要な事件のみだけにせなァ、永遠にゴールが見えんくなってきよる。

長野は、ある意味天才や。普通のキャバクラに行ったところで、ぼったくりやなんやと、高いやないかなんやと、真っ当な店にもなんやといちゃもんをつけて、ワシにケツ拭かせる始末や……。ある時には、薬で頭が回りきらずに、組の集まりに3時間も遅刻した。何かあれば、組の名前を出しまくる。ワシは、何十回、何百回？　わけがわからんが、兄貴やろがと、怒鳴られまくる。正直、長野のことは、何十、何百回とドついた。

せやけど、最後の最後まで、とことんアカン奴やった。長野が住むところ、仕事、スーツなど、全部ワシが用意してやった。黒田にしても、そうや。自分は何もしない。ワシや、親分がやったことなんかは、常に、当たり前や思うとった。たまたまなんか、この手のタイプは、調子に乗る人間が多い……。

極道といっても、ホンマに色んなタイプの人間がいてるもんや。暴力しかできんタイプ、シノギしかできんタイプ、口だけは達者なタイプなどなどや。ワシが見て、接してきた者たちの中で、消えて（飛んで）いった者は大体、薬に溺れた者か、シノギが下手で、金に詰まった者や。堅気で消えていく人間も、似ている面はあると思う。ちなみにワシは、暴力が得意やった。多少なりとも、口も達者な方やないかとも思う。

こうして、長野のくだらんミスに、ちょこちょこと振り回されながらも、何とか、大きな事件もなく久々にゆっくりとした時間が過ぎていった。

褒美

そんなこんなで、ワシも少しずつ、極道としての立場を上げていく。それからワシは、上部団体の本部当番に行かなあかんメンバーになった。そして、初の本部当番の日がやってきた。当日は、緊張はあったものの、集まりは前の組で慣れている。せやから、それほど慌てることはなかった。ただ、今回は、ビシッと糊《のり》の効いたスーツに綺麗な靴、ワシの役職や、収入に応じて買える時計などと、身なりをバシッと決め込んだ。

そして、親分たちのために準備をする。朝が少し早かったため、あらかじめ、目覚まし用にとガムとタブレットを用意する。車移動用に、水やお茶なども必要や。こういった細々としたモノを揃えるのが、なかなか面倒な仕事やった。ガムや栄養ドリンク、香典袋、祝儀袋、筆ペンなど、いつ何があっても対応できるようにと、鞄の中に常に持ち歩いていた。極道いうても、こういう小まめな用意をする組もあるもんや。

こうして、八木の若頭と林親分と共に、本部当番へと向かった。道中は、特に変わった話もなく、1時間弱で本部に着いた。門の前には、部屋住みの人間と、前日までの当番たちが5〜6人集まっている。林親分は、本部前の雑談の輪の中に入り、少し話をしていた。ワシは、この時に初めて、本部の外観を見上げて、感動したことを今でも覚えている。今まで、自分が見てきたどこの事務所よりもデカくて立派で……。え？　ホンマかいな？　誰が見ても、すげえ!!　と思うような本部の外観は、まさにゴージャス。

そして、いよいよ本部の内部へと突入である。

林の親分を筆頭に、挨拶を済ませると、禁断の館へと足を踏み入れた。まさに、圧巻の一言である。本部の内部は、どこを見てもピッカピカ。外観もすごけりゃ、中身もすげえ。目の保養には、うってつけなぐらいや。

監視カメラのモニターは5台……。画質は、かなり鮮明である。玄関に入れば、めっちゃデカい木や、陶器でできた飾り物の品々が並んでいた。あとで聞いた話だが、ひとつひとつの値段は数百万を下らんらしい。会議室も、20人が入れる大部屋、2階は、武道場並みのとてつもなくデカい畳の部屋。恐らく、堅気の世界の成功者でも、数えられるほどにしか手に入れられぬ大豪邸やろう。

本部当番の基本は、前の組で学んだことと変わらんかった。掃除洗濯、モニター管理などや。そして、晩飯の準備を始めた。

「これで何か作ってくれ」

会長が持ってきた箱の中を覗いてみると、ワシは、度肝を抜かれた。そこは、まさに高級食材のオンパレードやった。高級なリブロースや魚、瑞々しく大きく育った野菜などが大量に積まれていた。

ワシは、極道の中では、料理が得意な方であった。

「こいつが作る料理はごっついぞ」

なんて言うて……。親分たちは、美味い、美味いと、いつも食べてくれとった。そのため、本部当番の料理役なんていうと、よくワシが任されとった。

「今日は、魚の煮つけにしてくれや」

会長は、そう言うと上の階へと去っていった。

ワシがおった組では……。せや。極道というモノ、組によって、所作も違えば風習も異なる。せやから、ワシがおった組ではという比較にもなる。極道同士でも、他の組との絡みは少ない。他の組のことは、知らないもんでもあったりする。

ワシがおった組では、会長が、その日に食べたい料理を一品伝える。その料理を、当番の組が作る風習になっとった。前の組でも、緊張の中でごった返しながら、会長に料理は出しとる。その他の当番についても、さほど変わりはなかった。ワシは、この日から毎月、本部当番の1人になった。料理番長、いうとこや。

本部当番は、極道にとっては嬉しいことやった。自分の組系列でも、立場が上の人間や、若衆などと、顔を合わせる機会はあまりない。そんな数少ない機会のひとつが、本部当番である。せやから、そんな数少ない機会のひとつで、自分の顔と名前を覚えてもらおうと踏ん張るんや。もちろん、同じ組の系列で、顔と名前を広げられるからや。本部当番に参加できる機会は、早ければ早いほど、ホンマ、嬉しいモノなのである。

ただ、1年を過ぎると、ただの面倒臭い組ごとに感じてまうのは、間違いないことやった。なぜか？　毎月、この本部当番のために、2～3日もの間、組に自由を奪われるんや。当番のない時代でも、時間が欲しい思うとったのに……。本部当番のお陰で、これまたホンマに時間がなくなっていくんや。とことん自由時間のないワシにとって、さらに、組ごとで時間を費やされるのは、ホンマに、ホンマに面倒臭い行事になってもうたんや。

面倒臭い組ごと。そう、思うてはる現役や、元な人間は、間違いなく、かなりいてるはずや……と、思う。

男と男

こうしてワシは、親分や若頭と、長い期間を組ごとに費やす日々を送っていた。そんな中で、長野を必死に育てながら。また、ワシの第二部隊のことも、可愛がった。特に大きな事件もなく、ワシは、コツコツと地道に、自分の地位を高めていった。

そんな、平穏な日々を過ごしていた時期やった。林の親分からの電話である。

「おう、てつ、ご苦労さん。最近、黒田と連絡取ったか？」

「いえ、連絡は取ってないっすよ」

「ホンマか。あいつ、たぶん、飛んだな。すまんが、家ェ、見に行ってくれや」

すぐに確認にいきますと親分に言うなり、ワシは急いで黒田の家に向かった。

兄弟分ということもあり、金を、よく貸してやった。兄弟は喧嘩もできやしない。本当に、親分の運転手と、組の事務ごとだけが黒田の役目やった。黒田が自分でも気づいていたように、何より、親分が優しい目で黒田を育てていたんや。少しずつでも、極道の世界で黒田が生きていけるようにと育てていたんや。

「兄貴ィ、黒田さん、兄弟分なんていっても、兄貴と明らかに差が開いていますね」

ある日、ワシの運転手の予定で組に上げた長野が言ってきた。舐められたもんよのう。

「兄貴ィ、人数も持ってるし、体ァ、張りまくって組ごとに動いてますやん。焦ったりとか、しないんですかね？」

何も、舐められるのは外からだけやない。

「知らんわ。何でも自分ができることをやっとるんや。それでええやないかい。お前の

100倍は役に立っとるわ！」

ホンマに飛んだかもなあ。ワシは、黒田の家に向かう途中、昔のことを思い出していた。長野ら、若い者からの目もあんなんやったしな……。せやけど、一緒に育ってきたという事実を、きれいごとで飾ってもやりたい気分やった。

せやけどあんのボケが……。飛ぶなや。銭もォ、だいぶ貸したわ。もういらんけど……。わけわからん。親分に言われて、ワシは兄弟になったんや。兄弟分なってから、ワシがごっつい体使うてきたやないかい。事務ごとなんて、ワシが、ごっつい嫌いなの、知っとるやろ。お前飛んで、ワシんところに事務ごとなんて、どないすんのや。面倒なだけやないかい……。

呼び鈴を押す。が、反応がない。今度は、呼び鈴を連打してドン、ドン、ドンと、ドアを2～3回叩いてみた。やはり、反応がない。ドアノブを回すと鍵は開いていた。

あんのボケェ、飛んだな。心の中で、ワシの覚悟は決まっていた。

「おい、兄弟、おらんのか？　入るぞォ」

そのまま、土足のまま、ワシは黒田の家に上がった。予感的中。3段ボックスに汚い靴。電化製品、着ないであろう服が残っていた。黒田の部屋は、夜逃げした後のようになっていた。

「ご苦労様です。間違いなく飛んでますねえ。あと、残ってる荷物は運べへん大きいモンと、使えへん靴や服だけです」

ワシは、黒田の部屋から親分に電話をかけた。

「ホンマか〜。一応、探しながらワシんところへ合流してくれや」

結局、1週間は探し回ったやろか……。黒田とは、それ以来会っていない。予感的中や。黒田はどこかへ飛んでいった。そして、思っていた通り、黒田の業務がワシと若頭に回ってきた。

黒田は、ワシらの見えぬ間、知らぬ間に、薬を何人かでさばいて、シノギにしていたらしい。飛んだ理由は、黒田の取り分の不満があったと後で聞いた。薬と車を持って逃げたのだという。

なお、これには親分も一枚噛んでいた……と、どこかで風の便りに聞いた。親分に直接こんなこと、誰も聞けるわけないやろ……とは思うが、ワシも例外ではない。とうとう最後まで、親分から話を聞くことはなかった。

お祭り騒ぎ

　親分の薦めで兄弟分になったとはいえ、ワシが暴れた場所に、黒田がおったことは事実である。そして、組の事務ごとを放ったらかしにして、ワシにケツを拭かせたのもコイツや。せやけど、今となっては、いい思い出話や。兄弟と経験した道は、誰とも経験することでもない。せやけど、ワシは一番嫌いな事務ごとを押しつけられた。

　言うまでもないが、前よりもさらに忙しくなった。ただ、バタバタと忙《せわ》しなく過ごす日々が続いた。特に大きな事件もなく、淡々と、忙しない日々を過ごしていた。親分に付いたり、会長に付いたり、はたまた組ごとを必死にやりこなしておった。ちなみに、このぐらいの時期から、一番ワシに時間のない日々が続くのであった。

　だがやはり、ワシは運がいいのか？　本部、会長、親分と、優先順位はあるものの、それぞれのボディガードを務めたりもした。会長に付けるとは、運がよかったのやろう。極道界のサラブレッドを護衛できたことは、極道の世界では多少自慢ができるはずや。今となっては、どうでもいいことかもしれんが……。端から見ればやりたい放題暴れたい放題の集団でも、会長を旗頭に、大組織の中に武闘派と呼ばれた組が存在しとったことは、真《まこと》の事実や。

裏の社会やら知らんが、お陰でワシは、有名人やごっつい儲けとる大企業の社長さんなどなど、数多くの人と会うことができた。これも、極道界のサラブレッドの護衛に付けたお陰なのである。ワシは、素直にそれを喜んだ。しかし、今となってはそんな世界が、ワシにとって意味のあるものだったのかどうかは、わからない。

緊張

ある日、ワシは組ごとで動いた後で、会長の護衛に付くことになっていた。組ごとが終わった夜の8時ぐらいには、八木の若頭と合流して待機に入ったんや。

そしてすぐに林親分に電話や。すると親分は手短に言って通話を終えた。

「てつ、会長たち、店変えて2軒目行くぞ」

ワシは、若頭と共に、数人の護衛たちと会長を2軒目の店までガードして歩いた。目的を果たすと、再び車に戻り待機に入ろうとした。

ところが……八木の若頭の携帯が鳴る。

「ご苦労……はい」

「てつ、急いで会長らの店走れ。ワシらも、車回して行くから急げよ」

急転直下や。

ワシは、とりあえず走った。全速力で走った。わけもわからないままに走った。こんなに走ったのは久しぶりやった。すると、店に近づくなり2階からものすごい怒号が聞こえてくる。しかも、おどれすどれと……。関西弁の、汚い限りを尽くしたような言葉が、野太い声で響き渡っていた。

会長たちの怒鳴り声に間違いない。揉めごとやとわかったが、相手が堅気なのか、ヤクザなのか、人数もわからなければ、詳細も何もわかってはいなかった。ただひたすらに、会長を送った2軒目の店を目指して全力疾走を続けただけやった。

ワシも、極道やいうても、ただの人間や。怖くないわけあらへんがな。何もわからない状態で店に突っ込むのは危険である。ましてや、いつ抗争が起きてもおかしくはない時期や。

一方で、ワシも極道。真面目に極道で生きとったら、手に入れたい勝利はあった。極道の世界でのみ通じる掟もあるだろう。ワシは極道や。せや。考えている暇などはない。ワシは、どうやら一番乗りで店に着いたようだ。扉に手をかける。心の中は、ただひとつ。

もうどうにでもなれ。それしかなかった。

ドアを開けると、会長と和田の若頭の姿が目に飛び込んできた。会長は、和田の若頭に必死に止められながら、怒鳴り散らしとった。

相手は2人組や。どっからどう見ても、堅気。お互いに怒鳴り合いの喧嘩をしていて、殴り合いの喧嘩になる感じになっていた。

よっしゃ。あんなん2人なら、心配せんでもどうにでもなるわ。ワシは、すぐに相手の方へ向かうと、髪の毛を掴んだ。と、そこへ、

「てつ、手出すなよォ。今の時期、皆捕まるどォ。あかんぞ」

林親分が、すぐにワシに声をかける。言うのは簡単や。相手も勢いよく会長らに突っかかってくるんや。とにかく、会長ら幹部をこの場から離れさせることが優先や。極道が喧嘩で手を出した場合、その場におる全員、一旦は捕まることになるからや。

ただ、会長がイケイケなために、相手をどつこうと、なかなか諦めへんから、大変大変……。そこへ、八木の若頭が合流する。ワシと、八木の若頭が、全力で相手を止めに走る。他の人間は会長たちの元へ走った。結局、ワシと相手の掴み合いである。合間、合間に、林親分が「手出すなよ」と言うてる。手、出すな言うても、ワシも腹ァ立ってくるし、面倒臭いし、だいぶ、スタミナも切れてきたし、椅子に手をかけた。

もう、椅子でどついてまおうと思った。面倒くせえ。

ワシが、椅子に手をかけると、意思が伝わったかのように八木の若頭と目が合った。

似たような性分である。面倒くせえ。ただそれだけである。のちのち、八木の若頭とは、このことをネタにして、笑い合うことになるのだが……。八木の若頭も、ワシと同じように椅子に手を伸ばしていたのである。すると、それが合図だったかのように、パトカーのサイレンが鳴り、近づいてきた。

「ここは自分が1人で持っていくんで、早よう逃げてください」

ワシは、会長たちに声をかけた。すると、ようやく、会長たちは店を離れた。最後に、八木の若頭が店を出ると、ワシは内側から鍵を閉めた。振り返ると、相手の2人がヘロヘロになっていた。カウンターの中には、女が3～4人いた。店長もいる。

「おい、店長。急いで、1万円飲んだ領収書書いてくれ」

そう言うと、ワシは店長に1万円を渡した。金を渡して数秒後……。

ドン、ドン、ドン、ドン、ドン。

ドアを叩く音が聞こえてきたので、ワシはドアを開けた。

「通報あったんや」

刑事と警察官が店内に入ってきた。すると、3人ほどが相手に寄る。と、10人以上がワシを取り囲んできよった。

「ヤクザが喧嘩しとると通報があってなァ。間違いないか？」

刑事の中の1人がワシに言ってきた。

「見たらわかるやろ。こんなぐちゃぐちゃな店、ないやろ？」

「店長ォ、水1杯と、さっきの領収書くれや」

ワシは、店長にとっとと領収書を書くように促した。

「間違いないんやな？　ほなら、署で、話聞かせてもらおか」

刑事がワシを急《せ》かす。

「かまへんぞ？　手ェも出しとらんのに、しょうもないのう。水、飲んだらついていくわ」

すると、1人の女の子が、ワシに水と領収書を運んできた。コップを持った手が震えすぎている。手に握られたコップの中の水が、女の子の手を濡らしていた。目の前に置かれた水を一気に飲み干すと、領収書を握りしめる。

「ほな、行きましょか」

席を立ち、震えが止まらん店の女の子に声をかけた。

「姉ちゃん、水の量、ちょうどよかったで。ご馳走さん」

ワシは、店を出て、署に向かうパトカーに乗り込んだ。

聴取

警察署に着くと、取り調べが始まった。

「どうも。先﨑と申します。○○組のてつさんですね？　通報では、集団での喧嘩や聞いとるんでね。正直な内容、頼んますよ」

「ご苦労さん。ワシは、すまんけど、先﨑刑事さんと話すことはないわ。町内での喧嘩や。それに極道は絡んでいたが、互いに手は出しとらん。怪我もない。ただの口喧嘩。以上やわ」

　ワシは、それで口を閉ざした。刑事は、ウダウダと世間話をしながら、相手の話を聞き終わるまで待ってくれとしか言わない。もう、２時間も経つ。

「先﨑刑事さん、いつまで待たせせんねん？　ええ加減にしてくれや。何なんや。逮捕状出たんか？　待ちか？」

「てつさん、もう少し待ってよ。これは任意同行やからね」

　捕まり慣れていたワシは、頭の中でアイデアが思い浮かぶ。任意同行→調べ→釈放、または逮捕の流れが主である。しっかり警察に協力をしたならば、任意なら帰れる時もある。任意同行や。拘束力はあまりない。

「おい、先﨑刑事さん。ワシャあ、暇人ちゃうんや。ワシは極道や。わかっとるやろ？　ええ加減にせんかい！　ボケい‼　ワレら、警察や思うて黙っとんのや。それを、黙っとれば長々とダラダラと。あ？　舐めとったらあかんど？　お〜？」

後半は大声で叫んだ。

「おい！　任意やないかい！　ワシは帰るど？　逮捕状、出えへんのやろが。ワシの足、止めたいんなら、逮捕状のひとつぐらい出してこんかい。逃げも隠れもせえへんわ。出頭せい言うんならすぐ来たるで？　電話でもかけてこんかい」

ワシは、必死に足止めする警察を振り切り外に出た。そして、署を出てから2〜3分ほどでタクシーを拾い、タクシーに乗り込むと親分に電話をかける。

「ご苦労様です」

「お、おお？　何や？　逃げてきたんか？　ビックリするやないか」

全員が全員、ワシはそのまま捕まって、留置送りになると思っていたそうや。ワシは、署を出るまでの流れを親分に話した。

「ホンマか。そんなパターンもあるんやなあ。ホンマ、ご苦労さん」

せや。こんなパターンも、ある。

それからというモノ、1カ月ぐらいは体をかわしながら、組ごと以外の行動を、少し控えめにした。正直、「え?」という疑問符しかなかった。ワシは、いつ逮捕状出てもしゃあないけど、親分らは別に、別にどうってことはない……。ただ、どしっとしていればいい。ただ、普通に、日々の流れで動けばいいのだ。ワシは……、何だか腑に落ちん。

体をかわしながら、時間が少しできたワシは、久しぶりに刺青の予約を入れた。そして、スタジオへと向かった。

「千次郎さん、何ですかねえ? ワシが思い描いてきた堂々としたイケイケ極道の生き方は、今の時代には考えとった以上に難しいんやと、ホンマ、身をもって感じますわ」

「せやなあ。てつさんタイプは、しんどい思うわ。やっぱりなあ、どこの組もまず、資金を持って、さあどないする? って考える時代やしなあ。俺は好きだけどな。てつさんタイプのヤクザは、本当にどこも大変みたいやで」

何気ない会話やった。せやけど、ワシは、千次郎先生との会話の中から色々な情報を得ていた。場合によっては、アドバイスを貰ったりもした。これにより、自分がおる世界の、「今」を知ることができる。そして、色々と考えることができる。毎度毎度、本当に力になってくれていた。

事件から約1カ月後、本部の警備を終えて親分らと車で話していると、親分の携帯が鳴った。

「はい、どちらさん？　あ、ホンマですか。本人に伝えますわ。夕方にゃあ着くように話しときますんで、ええように頼んます」

ワシは、すぐに逮捕状が出たんやとわかった。

「てつ～、警察から、逮捕状出たわ。出頭させてくれやて。夕方目安に行く言うとるから、ビシッと行ってこいなァ」

親分に言われ、ワシは一度マンションに戻った。そして、軽く片づけをすると署に向かった。

出頭

ワシは、全然余裕やった。捕まらん自信があったのだ。手は出していないというのが理由や。ワシはビシッと、スーツで身を固めた。どっからどう見ても、バリバリの極道スタイルや。署に着くなり、受付に向かって一発。

「おい！　兄ちゃんでも姉ちゃんでもかまへんわ。マル暴の先崎呼んでくれや。○○組のてつが出頭しにきた言うてくれや」

野太く、少し大きな声で受付を済ませる。ワシは、署にいる警察官を1人ひとりゆっくりと睨んでみた。警察も人間や。外に出れば、ただの人である。極道に睨まれ、まともに目を合わせられる警察は少ない。ワシが睨みを利かせただけでも、大多数が目を逸らせる。せや。警察かて、まともに目が合う人間などほぼいない。皆、同じ人間である。職なんて関係ない。そういうことや思うた。すると、2～3分で先崎刑事が降りてきた。

「お久しぶりです。いやあ、スーツに雰囲気まで出して、ホンマ、ヤクザですねえ」

「うちの組の人間は皆、このスタイルが当たり前や」

「それにしても、堪忍してくださいや。警察署いうても、皆が皆、ヤクザに慣れてませんでねえ。交通課の人間なんて、皆ビックリしてましたがな。てつさん、流石にあれはアカンで。極道は、わてらの専門ですがな」

そんなことを言われつつ、ワシは、先崎刑事と一緒に、取調室へと向かった。

「てつさん、自分らも色々聞きたいことあるんですよ。や～っと、チャンスがきた思うとるです」

全く。どこの署に捕まってもや。この当時は、兎にも角にも情報やった。どこの署も、皆、極道の情報を欲しがっていた。極道側の情報を、どこもかしこも手に入れたくて必死だったんや。今回の出頭も、ワシから色んなことを聞き出すのがメインである。この時の組や弁護士の予想では、賠償金の額は1人50万。1人あたり50万円程度で、その場にいたのが6人や。となると、50万円×6人で合計300万円程度の罰金刑になる。ワシは、前回と同様、手は出していないと言い、あとは完全黙秘や。次は、刑事との手の内の探り合いとなる。お互いに持っている情報の中で、許せる、許せないの範囲の中で、ギリギリの会話を続けた。

そして、事件はものすごく呆気ない終わりを迎えることとなった。相手側も、随分と刑事に怒られたようで、訴えを取り下げることになったらしい。せやけど、ここからが問題やった。なんと、訴えの取り下げ手続き中に、相手に逃げられたのだという。どんなや？　せやから、こちらとしても、呆気にとられるしかなかったんやが……。

酒も抜けて、冷静になったら、極道やったのは危ないとか思ったんちゃうかな。これで事件も取り下げられ、刑事との話も上手くまとまった。これにて、誰も、何にもなく事件が終わった。異常にくだらぬ堅気との喧嘩や。こんな事件など、意外に終わりはあっさりとしているのが、世の常ではないだろうか……。今回も10日ほどや。

出所の日、長野が親分を乗せて迎えにきた。

「おはようさん。ご苦労さんです」

刑事に一言だけ挨拶をすると、車に乗り込んだ。

「てつ、お疲れさん。ええ結果になったのォ。会長も喜んでるぞ。すぐ顔あわす言うとるから、会長んところに顔出しに行くぞ」

車に乗り込むと、待っていた親分から、会長のところに行くのだと教えられた。

「おう！　元気な顔しとるやないか。ぐわっはははァ。よう1人で罪持って、無傷で帰ってきよったわ。ええぞォ。頑張れや」

会長は、ワシにそう言うと、お金を手渡した。何かいいものでも食べろとのことである。こうして、この事件は丸く収まった。極道も、色んな事件を乗り越えて、信頼と立場を上げていく場合もあるのである。

そして、再び大きな事件もなく、日々、組ごとに追われていた。この頃になると、長野は親分の運転手になっている。

なんでワシの若い衆、取りよんねん。まあ、勢いのある若い者は、ワシに寄ってくるから、しゃあないなあ。そんなことを密かに思いつつ……。ワシはヤクザの登録に入れない形を貫いて、極道に上げていない新しい人間を運転手につけた。そして、こいつを上手く右腕にして、ヤクザの顔とは別に、半グレというか……、ワシのためにと動いてくれる若い衆が、20名以上待機してくれるようになっていた。ホンマ、順調なヤクザ街道であった。順調に、1歩ずつ、極道の階段を上っていたのである。

臨戦態勢

今、ワシはある珈琲屋の駐車場に停めた車の中にいる。親分と、八木の若頭との3人である。周りには、ワシがおった組の母体の直参たちが、若い衆を連れ、車に乗って待機していた。なんと、珈琲屋の駐車場には、ワシの組の偉いさんたちが、各人の警備にイケイケっぽい若い衆を連れて乗っていた。かなり、緊張した状態や。そして、10台以上の車が待機している。

この日は、ワシがおった組の母体に加わるのか、はたまた敵対する組織に加わるのかと、ある組の答えを待っていたのだ。もしかすると、揉めごとに発展してまうかもと、敵対組織も話の場に来るかもしれん状況やと言われとった。

これまた、話し合いに行っとるのは、ワシがおった組織の母体にいるトップたちであった。絡んどるのは、役職が上の人間ばかりや。そのため、力も持っていて若い衆もかなりおった。今は、臨戦態勢状態で待機しとるが、揉めごとに発展したらと、張り詰めた空気が緊張を煽った。珈琲屋の駐車場は、独特の空気が流れとった。待機していると、林の親分が、会長の乗った車に向かい乗り込んだ。すると、5分ほどで戻ってきた。

「会長と話してきたが、思ったより話が長引いとるから、揉めてまうかも言うとるわ」

親分が言った。意外にも、極道の決着話が長くなるようなことはない。こういう話は、大概答えは出とるもんや。白か黒かだけで話はすぐに終わるのがほとんどである。

「それとなァ、もうな、話が決裂したり揉めたりしたら道具持って走れ言うとるわ。てつ、行けるか？」

即答やった。

「わかりました」

道具とは、拳銃である。走るとは、切り込んで特攻することである。こういう役は、大概チンピラか、鉄砲玉と呼ばれとるような、役が下の使えん極道が行くいうて思われとるかも知れんが、これが大きな間違いである。大事な場面などでは、特に、確実に走りそうな人間に役を話すもんや。役目を話して、全く躊躇《ためら》わなかった人間に大役を任すパターンが多いのが現実である。

ワシが、少しでも躊躇っていたならば、和田の若頭が走ることになっとったらしい。

「てつゥ、リボルバーをな、ある場所に入れとるからな。揉めたらすぐに取っていけな。この時代や。撃ち殺してもうたら面倒や。相手に一言、おどれら黙らんかいとでも言うてな、腕や足狙って撃ってまえとのことや。なあ？　てつゥ、花形やな」

林親分の話によると、近くにある個人駐車場にバイクが置いてあり、そのバイクの荷物入れに道具を入れているということであった。

この件で、ワシは新しい感覚を味わうことになった。頭の中は、走馬灯が流れ続けることになる。走馬灯とは、一瞬で流れるものだと思っていたが、何十分も流れ続けることがあるとは、思ってもいなかった。ワシの脳みそは、考えごとの波に悲鳴を上げていたのだと思う。

こりゃあ、捕まりゃ長くなるやん。相手も道具出してきて、撃ち合いにでもならへんかなあ。足とか狙え言われとるが、殺してもうたらどないしよ。捕まったら、長うなるのは確実や。ワシの第二部隊、誰に任せよかのう。

考えることが無限に、腹の底から湧いて出てくるみたいやった。ワシの雰囲気を感じて、車内は無言の空気と、緊張感に包まれていた。正直言うて行きたくはなかった。そりゃあ、そやろ。なんでワシやねん。道具なんか、使いたくもないし、長い刑期なんて、まっぴらごめんや……。当たり前やろ。心の底から、腹の底から、組のために行ってきますと言える極道なんて……、この時代には、いないに等しい。

極道

ワシは、車の中で外の風景を見ていた。だが、全く目に入っていない。目は開いているが、何というか、夢の中にいるような感じというか、ホンマ、不思議な状態になっていた。そやなあ、極道に入ったばかりの時に、当時の親分が、愛人絡みの一件で相手半殺しにしたあの一件。あの一件で、ワシが掃除に走らなあかんくなった時の、あの気分に似ていた。

あの時は、目の前の光景に脳と体が反応したんや。恐怖というやつだろう。今回は、最悪の展開や目の前の一件が、絡み合いになった後のことを考えて、脳と体が反応しとった。絶望感というやつや。そういうのにすごくよく似た感覚であった。ワシは正直、頭の中が、ただただパニックになっていた。

そこへ、林の親分の電話が鳴った。

ひと言やった。親分はひと言、「はい」とだけ言って電話を切った。

「話終わったぞ。ここに来るから降りろ言うとるわ」

ワシは車を降りた。そして、相手と、母体の上の人間たちの姿を待った。すると、一台のワンボックスカーが駐車場に着いた。他の者がドアを開けると、上の人らは笑いながら笑顔で降りてきた。ワシは、その姿を見た瞬間に、足から力が抜けてしまいそうやった。立っているのもやっとやった。道具持って走ると決まってからは、ある意味、頭の中は戦争状態で、色んなことを考え過ぎなぐらいに考えていたのだ。

人を殺したくはないやろ。刑務所暮らしもしたくはない。長い刑期なんぞ、まっぴらごめんや。この瞬間、走らんで済んで助かったと心底思った。あれやこれや考えた後で、しかも緊張状態が続いた後や。その分、ホッとする気分で反動がものすごかった。

道具

道具は、正直、手に持ってみないと恐ろしさはわからん。手に持ってから、色んな感情に襲われる。生き物に対して構えてみると、初めて経験する独特な感覚になる。

幸いこの時、手元に道具を握ってないからだろうか……。人を殺ってしまうことよりも、捕まり長い時間社会不在になってまうことを多く考えた。

人間とはワシのような考えになるのが普通なのかわからぬが、組の人間たちに対しても、これでこの大舞台、道具まで使い終えたならばワシの刑務所生活を支えてくれるのか？　適当に対応されへんか？　など下らぬことまでも考えてしまう。

ワシの極道人生、何十年も捕まれば7割がた終わる。今回これでいいかなども考えた。すべて自分事ばかりや。

極道をしていると、修羅場はよ~さんある。せやけど、この時は緊張感が全く違った。道具を持って走るかもしれないとてつもなくヤバい局面であった。ただ、自分でも意外なことに冷静さは保っていたから、パニックになるのとは違う感覚だった。

ちなみに、ワシの知り合いが外国で銃を撃った時の話だが、的から鳥に照準を向けて見ると、ドキドキして、これは自分は撃てへんと心底思ったらしい。生き物に銃を向けた時に初めて、銃の怖さを肌で感じるのだと、ワシは今でも思っている。

組のため……。男として……。理由は色々ある。そんな理由で、ワシは揉めごとに全力で対応してたんじゃないんやった。たったひとつの理由や。それは、極道として生きていくと決めた自分のためであったのだ。ワシは、自分のために動いていた。

第六章 道を極める

裏切りと信頼のヤクザ道

極道を演じる道

道具を持って走れと言われた時、ワシは思った。今後、いつこのようなことになるかもわからへん。生前整理ではないが、もし、また同じようなことが起きた時には、あまり考えないでいいように色々と動いておこうと思った。

今思えばワシは気づかぬうちに、極道の道とは異なる道に進んでいたのかもしれん。極道の道ではなく、極道を演じる道にワシの足は向いていたのだろう。

ワシは映画で見た極道に憧れていた。映画のような極道になりたかったからこそ、格好よく、華やかに、暴力をとことん貫いてきたのかもしれん。格好よく、ヤクザを演じたかった。極道になったのは、ただ、それだけが理由かもしれん。憧れて足を踏み入れた。せやから、自分なりの道を進んだ。自分なりに、極道の道を精一杯進んできたつもりや。道具持って走らずに済んで、ホンマによかったと思ってる。

備えと後悔

ワシは、久々に刺青を入れにきている。

「千次郎先生、道具持って走る役って、どないなんやろ？」

先生は少し考えている様子だった。

「難しいなあ。せやけど、対価に見合わな皆嫌がるやろな。この時代やからな、10年捕まって出たところでや。組もどないなっとるかわからんし、そりゃあ、嫌がって当たり前ちゃう？」

「自分も。色々、ごちゃごちゃ考えてもうたし、正直、嫌でしたわ」

「てつさんのスタイルはわかるけどねえ、まあ、何事もなくよかったよ」

先生はよかったと言ってくれた。

この後ワシは、何かあった時のために、色々と動いた。長野にも、薬の商売を一緒にやらせた。取り分を決め、ワシが社会不在になっても、いくらかは金が入ってくるようにしておいたのである。だが、この考えがあかんかったと後悔することになるんや。

地位

ワシは、一応だが頑張ってきた結果、若頭補佐という役職に就いていた。ある日のこと、親分に呼び出されて、一対一で話をしていた時のこと。

「てつぅ、目の前に100万ワシが出すから、増やせ言うたら、どないするぞ?」

親分に聞かれた。ワシは、何が言いたいのか全くわからず止まってもうた。

「親分、今のワシだったら、若い衆にすぐに持ってこさせて、200万にして渡します。ワシの今の力じゃ、100万つくれればいい方なんで」

ワシは返した。

「面白い答えやないかい。てつぅ、会長も、上げたれ言うとる。ワシも、いいちゃうんか思うんや。本部長の席に就けや。てつ、どないや?」

ワシの組では、トップ3の席である。内心は嬉しかった。せやけど、今よりも忙しくなる。それに、金もかかる。これが、ワシの限界か。ワシは、これ以上に時間のない生活を色々考えた。また、事件の時に対応できるような若い衆の育成も、間に合ってはいなかった。

「親分、嬉しいのですが、色々考えたいので、少し考える時間ください」

そう。ワシは考えたんや。極道の世界は昔と違う……。昔と違い、とことんシノギもキツイし、若い衆もついてくるのが辛い時代である。役職が上がれば金もかかるし、組ごとに時間を取られる。役職が上がるからと、ほいほい上げて貰っても、力量がついてなければ潰れるだけや。

名誉

ワシは、地位の確立に頭を悩ませていた。忙しさと自分ごとと組ごとと……。そんな、ある日のことである。長野がワシの家に来ていた。シノギの話やった。なんや……。長野の携帯が鳴ったと思ったら、長々と話をしている。

「兄貴ィ、自分、最近ある女と出会って、お互いいい感じなんですが、少し問題がありまして。よかったら、ここに呼んでもいいですか？」

「あ？　別に、かまへんぞ」

思わず言ってもうた。1時間ほどもすると女が現れた。そして、2人の話を聞くことになったのだが、完全にあかん内容であった。

親分とワシで動いている薬のシノギがあるのだが、長野にはその手伝いをやらせていた。そんな立場でありながら、長野は、こともあろうか薬の売人が付き合う女とできたと言うのだ。完全にあかんやろ……。この売人は親分の古くからのブレーンである。しかも面倒なことに他の組に属する同業者だ。

ワシは長野に、とことん「あかんやろ」ということを伝えた。とりあえず帰るところがないという女を1日、長野と共に泊めたのだが、寝る時間などあるわけもない。この先をどうするのかと、とことん話し合った。結果、長野と女2人で、相手としっかり話をつけるということになった。

次の日、ワシは昼から、第二部隊らと飯を食べる用事があった。せやから、1人で出かけて、夕方になって家に戻った。

少しすると、親分からの電話が鳴った。

「てつゥ、長野が女連れて挨拶に店来たから、お前も来いや。てつも知っとったら言えよォ。めでたいやないかい」

「はい。承知しました。すぐに向かいます」

長野がワシに相談もなしに、親分に紹介しよったんや。もちろん、売人の女いうのを隠して……、である。ホンマ、ただの馬鹿や。馬鹿としか言いようがない。ホンマ、どうしようもない奴やった。そして、店に着いた。

「てつゥ、長野はお前の知り合いの家で部屋借りとるから、家ないやろ。当分、2人家置いたれや。な？　エエ話やないかい」

親分に言われ、ワシは当分の間、2人を家に置くことになった。まず、その帰り道や。女なんて関係あらへん。ワシは、ぼっこぼこに長野をどつき回した。

「ワレェ、コラ!!　どないするん？　ボケッ!!　親父のブレーンやど？　頭、おかしいんか!!　何を考えとんじゃボケッ!!　ワシまで巻き込みよって、胸くそ悪いのう!!」

「おい!!　姉ちゃん!　あんたも頭おかしいんかい!!　2人で売人に話つけるんちゃうんかい!　あ〜?　話もついてへんのに、親父に2人で会いに行って、姉ちゃんもだいぶ頭弱いのう!」

ホンマ、胸くそ悪い。

意地か維持か

この一連の流れ……。長野は、ワシが拾い上げた若衆である。ワシが、ここまで育ててきた若衆である。考えなど、手に取るようにわかる。

長野の考えはこうや。親分に話せば、この事件が大きくなっても、ワシや親分に絡んでもらえる。それに、たまに親分は優しい一面がある。せやから、女と過ごせと時間や小遣いがもらえる。ただ、それだけや。自分ら2人のことしか考えていない。正直、ワシは参った。案の定、すぐに売人からワシや長野にも連絡がきた。売人は、必死に女を探し回っていたのである。

そして、何度も長野や女と話した。

「私1人でも、ちゃんと別れ話と、それから、長野さんのことを話します。そして、必ず話つけます」

女は、そう言うだけやった。言うだけで全く行かなかった。口だけや。挙句の果てには、薬をいきまくっとった。ワシは何も言わないが、2人揃ってシャブを使いまくる姿を見て、こいつらは終わりや思うた。一応、ワシが兄貴分やし、今回はワシが頭を捻り、解決するしかないと内心で思っていた。

10日ほど経ったある日のことやった。全てが動く事件が起こったのである。それは、些細な言い合いから始まった。長野が女の顔面を殴り、女が逃げ出したのである。

「おい、お前、何しとんねん？　女ァ、絶対、元の場所に戻りよるぞ？　売人の女とは知らんとはいえ、女とお前の関係を知っとるさかい、親分にも火の粉飛ぶぞォ。こりゃ、組ごとで喧嘩にでもなりゃ面倒やぞ？　どないすんねん!!」

ワシは、長野に向かって怒鳴り散らした。長野を見ると、シャブで目をギラギラさせてワシにひと言。

「兄貴ィ、大丈夫ですよ～」

マジか。ワシは、ホンマに反省した。なんでこんな若い衆を拾ったか……。

案の定や。次の日の朝、早速売人から電話が鳴った。

「おはようさんです。てつさん、昨日の夜、女が顔面腫らして帰ってきて全部聞きました。で、どないなってますの？」

「おはよう。今からワシ1人で行くから、少し話しましょか？」

「ホンマですか？　ほな、あとで」

ワシは、まんまと面倒に巻き込まれた。ただ、ワシはワシなりに、何とか最小限に話を収めようと考えがあったんや。そして、待ち合わせ場所に向かった。数人で来るかと少し身構えていたが、相手も1人で来た。

売人

話し合いが始まった。相手は、親分のブレーンである。ワシは、女が長野と一緒になりたいと述べていたこと、売人と話をつけてくると述べていたことなどを話した。そして、女と売人と、ワシと長野の4人で話をするという提案を何とか伝えた。

しかし、この売人という奴が何とも気の小さい男やった。イケイケの組の名前をふたつほど挙げたのだ。そして、話にならんようなら、とことん構えると言ってきやがった。面倒くせえ。

ワシは、話し合いの終わりに、自分の第二部隊に連絡を入れた。売人が口にした組を知っているか聞いてみる。すると1人が、ふたつの組とも関係があり太いパイプがあるという。幹部もよく知っているので、今回の内容なら、動かぬように話ができるとのことである。今回は運がよく、他の組が絡むことはすぐに止められることがわかった。

ワシはLINEで、問題を細かく親分に送った。ワシが1人で解決して親分の前に戻りますと述べた。そして、ワシは皆の前から姿を消して売人と話し合う日を待った。

5日ほど経つと、売人から連絡がきた。

「てつさん、長野と女と、今日の夜話すことになったんで駅まで迎えに行きます」

というわけで、駅に向かうことになった。売人が、指定の場所に立っていた。ワシは、合流して車に乗った。車のドアを開けると、ワンボックスカーの真ん中のシートに、1人の男が鉄パイプとナイフを手に持っていた。ワシは後ろと言われ、売人と一緒に後ろの席に座った。売人はスタンガンをバチバチと鳴らす。ワシに向かって手は後ろと言ってきたので、素直に従った。両手の親指同士は、結束バンドで固定される。

その後、売人はメリケンサックを装着した。ウダウダと話し始めたと思ったら、鉄パイプとメリケンサックで殴られた。

車中で狭かったからだろうか？　思いのほか痛くはない。なぜか、顔面にあまり攻撃してこない。やたらと鉄パイプで体を攻撃してくるのだが、イマイチ、何というか、気合が入っていない。こんな2人なら、車さえ降りたら何とかなると思った。

「こんな狭い中より外出ましょやァ。逃げはしまへんわ」

ワシは、殺人者のような目で言った。

「それは無理や」

売人は目を逸らした。これ以降、あんまり手を出さんようになった。

こいつ、殺すつもりはないんや。ワシは、売人が完全にビビっていることがわかった。

もう1人の男は何を思ったのか……。

「お前、刺さんと思ってるんか？　舐めるなよ!!」

そう言うと、太ももを浅く刺してきた。このぐらいなら、刺したうちに入らんやろ。

それに、この車中の雰囲気が、やられとる方のワシの空気になってきていると感じた。

どれぐらい経ったのだろうか……。1時間ぐらいは車で走り回っていたと思う。どんどん、攻撃の手は減っていた。すると売人が言う。

「助かったとか思うなよ？　今からまだ長いぞ」

そして、降りろとワシに命令した。

親分

ワシが降ろされた場所は、売人の家であった。後に思ったが、ワシもワシなりに、色んな修羅場を経験してきた。せやから、いくら拉致されても、根性というよりは状況判断能力と、危ない時の嗅覚が身についていた。その、ワシの判断では、今回の拉致は大したことがなかった。

ワシは、売人に続いて部屋に入った。すぐに誰かに電話して話したと思ったら、3分ほどで電話を切った。そのとき売人に言われた。

「てつぅ、林親分と長野が来るからなァ」

親分？　なんでや？　そう思った。

「おい！　呼び捨てか？　ワシの名前は！　てか、なんで親分やねん？　長野と4人て言うたんちゃうんかい!!　ワレ！」

聞き返すも、売人は何も喋らない。

意地

少しすると、もう1人の売人が、シャブ入りの注射器を持ってきた。ワシに向かって自分に打つようにと言ってくる……。なるほど。警察にチンコロされにくいようにするわけや。シャブが体に入っていたら警察に逃げたり、チンコロしにくいからや。

関係ない。ワシは、売人の目の前で何やら入っとる注射器を堂々と腕に差した。それから30分ほどもすると、外に備え付けられた防犯カメラが、親分たちの車をとらえた。そして、10人ほどが階段を上がってきた。

「この、どポン中が!!　ボケい!!」

ドアを開けた瞬間の第一声がこれや。ワシは、いきなり親分に怒鳴られた。そして、後に続く長野がワシに飛びかかってくる。ワシは、状況がわからない。とりあえず、長野は返り討ちにした。せやけど、組の人間が10人ほど……。ワシは、組の人間10人にボコボコにされた。

なかなか……や。組の人間、10人も相手にして、流石にフラフラになった。ここから、ワシは開いた口を閉じれんなった。なんと、女、売人、長野は、作り話の例え話のありもせん話をでっちあげて、自分のヘタ打ち全てをワシのせいにしたのである。

ワシは、格好つけただけに仕立て上げられていて、今ここにおる理由も、理由になっとらんかった。話し合いの約束なんぞない。ワシ1人、ただ逃げただけ……。

なんやそれ？　ワシ1人が逃げたと、親分らにそう思わせるように仕向けられていたのである。そこへプラスして、シャブや……。シャブの誘惑にホイホイと乗り、売人の家まで呑気に遊びにきたというシナリオやった。

ワシは何度も親分にしばかれた。そりゃあ、そうや。分《ぶ》が悪い話は、色々と組み替えられている。ワシが全て悪くなるシナリオや。長野に関しては、全くワシの知るところじゃないヘタ打ちまで、ワシになすりつけていた。思わず声を荒らげる。

「何言うてますの？　あんた、4人で話すと言うとるでしょ。シャブでおびき出したってなんやねん!!　お前ら3人揃ってお絵描きが過ぎるんちゃうんかい！　何もかもワシ1人になすりつけるなや!!」

すると、和田の若頭に言われた。

「てつぅ、何も言うな。お前は逃げたと判断されたんや。黙っとけ」

ワシは、数え切れぬほどの濡れ衣を着せられ、数え切れぬほどの暴力を受けた。ちなみにだが、この売人という奴は、以前にも紹介した誠である。金の回収を手伝った、あの誠だ。この男、極道→堅気→極道といった経歴の持ち主であった。

「誠はヤクザの世界じゃあ、一度大きくヘタ打ちしとるし。最近入った組も、金の流れで使われただけで相手にもされてない。ワシから見たら、ヤクザごっこしとるみたいなもんや。たぶん、てつが1人で来た時は、ホンマかいなと少し焦っとるぞ。ほんで、親分に言われて、てつを見てきたから性格もわかっとるしな」

八木の若頭はワシの若い衆に、こう話しとったという。そのことをワシは、あとあとになって知ることとなる。

ワシをボコボコにし終えた親分は、今度は誠に怒りの言葉を投げつけた。

「誠ォ。お前とは、まだ話終わってないからな。ワシの若い衆とわかっててコソコソしやがって。逃げるなよ。極道同士の話、しようやないか。明日連絡するわな」

この時はさっぱり意味がわからなかったが、あとになって次のような話を聞いた。

親分は、組の若い衆が誠と問題を起こしたと知って、誠に連絡したようである。誠は勝ち戦やと思ったようやが、実際にはその逆や。親分は誠に追い打ちをかけた。

「おい!! 誠！　お前、何か勘違いしとらんか？　ワシとおどれのどっちがヤクザとして上や？　お〜!!　ワシの若い衆とコソコソして、問題なってから何を抜かしとんや？揉めたらすぐにワシに言うのが筋やろが!!　何ワシ飛ばしとんや。殺してまうど？」

こんな具合に、である。誠が勝てるわけもなく、親分に撃沈された。

さて、ワシはというと、誠の家を出てから親分らと車に乗り込み、親分のスナックへと向かった。

極道の道は決して甘くはない。第2ラウンドの始まりやった。ワシは、また続きやなと腹を決め、ホンマにぼ〜っと上《うわ》の空で、ただただ過ぎ行く道路と周りの景色を眺めながらスナックへと向かっていた。こんな状況下で使う言葉ではないと思うが、体力も精神も、完全に疲れ切っていた。生きてきて、今までで一番フラフラやった。

最果て

店に着いた。親分が中央のソファーに座り、両サイドのソファーには2人ずつ座り、他の者たちは両サイドに立った。ワシは、親分の前に1人正座させられた。長野は、ワシが若い衆らの愚痴を聞いたり話したりしたことを、全てワシが言っていたと1から100までチンコロしてたんや。

極道の世界だけやなく、皆の愚痴など、その場の話と外では口を閉じることが当たり前である。笑い話だが、ダントツ愚痴が多いのが長野であった。しかも、誠と女はグルになり、ワシがどこに道具があるかなどを、2人に話していたとまででっち上げられていた。そんなこと、危なすぎてワシがこいつらなんかに話すわけがない。組員の数人しか知らんことや。長野が2人に教えたとしか考えられないが、それも全てワシになすりつけていた。どう考えても、組全体が怒るような安っぽい口の軽いペラ野郎に仕立て上げられていたんや。

ここからがすさまじかった。親分はひとつのネタを口にすると怒り、パンチや蹴りを飛ばしてくる。

「自分は全く言ってません」

ワシなりの抵抗や。ひと言だけ言う。そして、再びひとつのネタを口にして怒る。

「言ってません」

ワシが再び言う。すると、パンチや蹴りが飛んでくる。たぶん、2時間ほどは続いたであろう。もちろん、ワシはボロボロや。

最後には、親分が激しく暴れてきた。椅子が投げられ、ワシの上に乗っかってマウントポジションで殴り続ける。ワシは、ただの地面かと思うぐらいに踏みつけられた。

そしてや。親分は右手に焼酎のハーフボトルを持ちよった。そのボトルの形は背が低くて、ごっついごっつい新品で、中身が満タンに入ってやがる。その親分の姿を見て、これはかなりヤバいぞと瞬時に察知した。ワシは頭を必死に腕で覆い被せて防御する。

「てつゥ、お前は末端からや‼」

ワシは、役職なしの末端組員の地位へと格下げになった。最果ての地位というやつや。

そして、1日が終わりを告げた。外に出て時間を見ると、朝の5時を過ぎていた。そこから一度解散して携帯を見た。男臭くて涙など流したこともなかったワシであったが、少し涙が……。否、大粒の涙が零れ落ちた。ワシの第二部隊の若い衆らから、100件以上の着信があった。LINEだけでも数十件……。

「兄貴、1秒でも早く連絡ください」

「兄貴ィ、自分10人から兵隊用意してます。いつでも動けます」

「兄貴ィ、喧嘩の武器や道具、すぐに皆に振り分ける準備できてます」

人生で初めて胸が熱くなり、ワシは第二部隊の全員が愛《いと》おしく思えた。

ワシは、すぐに第二部隊の代表、町田に電話を入れ、ことの流れを細かく話して皆への伝達を頼んだ。そして、少し帰ってゆっくりしたいので、電話は違う日にしてくれと皆に言った。が、しかし、長野や誠や女、この3人に対しての怒りのLINEが何十通も来ることになった。

感涙

とりあえず家に着いた。血と汚れでドロドロになった上下をハンガーに吊るし、その服を見つめ続けながら色々と考え続けた。

意外に、やり返すことなんかよりも、このまま極道として生きていくのかどうかの方を考えた。そして、昼に第二部隊の人間数人と顔を合わせて話をした。これには流石に皆、怒り心頭に発していた。ワシが皆の気持ちを収めようとしても収め切られへん。しかもや。「怪我をしている兄貴見たら、余計に我慢できひん」とのことであった。

ただワシは、第二部隊の1人ひとりが可愛くてたまらんかった。

その日の夜から毎日毎日、親分付きにされて、久々に車洗いや雑用をしていた。それから、1カ月ほどが過ぎたある日のことやった。

「何かのォ、てつ。長野な、ヤクザ登録はしてへんが、若い衆が5～6人できてなァ。ワシも、何回か飯食わしたったんやが、あいつ頑張っとるぞ。一回、長野の若い衆と顔合わせとけや。お前も頑張れよォ」

親分に言われた。ん？　長野に？　しかも、急に5～6人も若い衆なんぞつくのか？

そう思ったが、ワシは親分に話を合わせることにした……。

「長野、頑張ってますね。自分も気合入れて頑張ります」

その夜、親分の付きで待機していると、長野が若い衆を連れて警備待機に合流した。

「てつさん、お疲れ様です。あっ、こいつら、ワシの若い衆ですわ。また、よろしく頼みますわ」

ワシに対して、兄貴と呼ばずに名前で呼ぶ……。話し方も横暴になっとった。なんじゃ、コイツ？　ワシは、怒るよりもはや笑えた。ひと通り、皆からは自己紹介を受けた。待機していると、その中の1人が寄ってきた。

「ご苦労様です。長野や組の人の前以外では、てつの兄貴と呼ばせていただいてよろしいですか？」

こいつは長野の若い衆や。ワシはどう理解していいのかようわからんかった。

そいつがワシに笑顔を見せて、第二部隊の代表の名前を出して言った。

「自分、町田兄貴に付いて半グレやってます。町田兄貴が上手いこと、絵描いて長野の側に潜りました。なので、てつ兄貴の第二部隊の6人やと思ってください。何があっても自分らが長野の動きなどを見張ります」

そう言うと、足早に長野のところへ戻った。

悪さとは

いくら極道でなくとも、ワシの第二部隊は、半グレや悪さをしている人間や。ホンマに長野のことが許せずに、自分たちの考えで動いていたのであった。その日の夜、ワシは代表の町田に電話を入れた。

「おう、ご苦労さん……」

ワシは、今日の若い衆の話をした。

「兄貴ィ、皆、兄貴が好きなんですよ。1人ひとりが兄貴に対するあの3人の行動、どうやっても割り切ったり、我慢できへんのですよ。自分からもお願いします。兄貴は組ごとだけ集中してください。皆、個々の動きは目瞑ってください！」

こうして、男泣きして頭を下げられた。

ワシは、組よりも何よりも、この第二部隊が大事になっとった。

「わかった。ただひとつ、誰が何して動いたのかは、ワシの耳に入れんとってくれ。あと、殺しは絶対あかん。もし、ワシの件絡みで捕まったら教えてくれ」

ワシはそれ以外の言葉が思い浮かばんかった。

「承知しました」

ワシなりにだが、皆が納得するにはどうすればいいか考えた結果、返した答えやった。

そして、日々が過ぎていき、約2カ月が経過した。親分の付きをしていた時である。

「てつゥ、誠なァ、薬商売で失敗したんか、理由は知らんけど、誰かにボコボコにされてな。何本か骨折れて入院しとるみたいやぞ？　女も誠から離れたらしいがな。どこおるかわからんらしいぞ」

「ホンマですか？　あいつも大変ですね」

「てつゥ、何か知っとるか？」

「初耳でわかりません」

「そうかァ。ほんでな、てつ。長野のこと、腹立っとるか？」

「全然、何も思ってません」

ワシは、耳に入れるなと言ったので、この件について第二部隊に聞くことはなかった。せやから、ワシの若い衆がやったのか、誠自身のトラブルが原因であったのかは未だに謎のままである。数日後、再び親分がワシに言った。

「てつゥ、誠も女も、別々にシャブで捕まったぞ？　ホンマ、阿呆やな。シャブで累犯や。3年以上やぞ。あいつあかんな」

「え？　捕まったんすね。まあ、自分はあいつのこと嘘つきのヘタレと思ってるんで、同情も何も湧かないです」

親分は、珍しく間を空けてワシに言った。

「てつゥ、根に持っとんのか？」

「自分は極道です。武闘派と思っとります。ただ、それだけです」

ワシは、それだけを返した。

「てつぅ、長野にはいらんことすなよ。お前の気持ち、ワシかてわかっとる面もあるからの。我慢しとけよ」

そう言われた……。この時思ったが、親分は、ワシが誠や女の件に絡んでいるのではと思っていたのだろう。そして、ワシの性格もわかっていたので、長野を何かのタイミングで半殺しにでもするんやないかと思っていたのであろう。

決断の時

あっという間に4カ月の月日が流れた。会長の警備待機をしとると、会長秘書に車に呼ばれた。そして、2人きりの車内で会長秘書が口を開いた。

「てっちゃん、長野、許せるの?」

ワシは、会長秘書とは妙に気が合い仲がよかった。ここではワシの本心を述べた。

「秘書、許せるわけないですよ。タイミングあったら半殺しにしますよ」

「そりゃあ、当たり前やね。ワシなら、理由やタイミングなくても半殺しにしてまうわ」

会長は事件の詳細が気になって、秘書に色々と聞いたらしい。秘書は、ないこともあるいうことにされたんでしょうとワシをかばってくれた。

「てつが弁明言うたとき、和田の若頭がお前は黙っとけ言うたら、一言も喋らず全て話を呑んだやろ？　そのこと会長に言うたら笑顔になって、ホンマかァ、男見せたんやな言うてな。てつの、組に対する今までの功労で、相殺でかまへんやないかと、近いうちに役職戻したれ言うてたわ」

「それと、長野はてつの若い衆で、1から面倒見て育ててきたんちゃうんか？　言うてきたから、そうです言うたら、顔しかめて、ごっつい機嫌悪なってたから、会長は長野のことがごっつい嫌いみたいやで？　会長は、恩、義理、人情の深い人やからねえ。和田の若頭は、なんやかんや言うて1人で来よって、てつはエエ根性しとるぞ言うてたで。林の親分には内緒やで？」

　ワシは、目頭が熱くなった。また、一気に力が抜けた気がした。

　そして、数日後……。

「てつゥ、今まで組ごとも頑張って体張ってきたからのォ、今回はもうかまへん。役職戻りや。頑張れよ」

　ずっと待っていた親分の言葉であった。いらへん意地やと思うが、ワシが必死に一歩ずつ上った階段やし、一番高かった役職まで戻るぞ必ずと思っていた。極道としてチンピラで終わりたくはなかったんや。

ワシは体から力が抜け、心は涙した。今までの組ごとをほぼほぼ思い出した。喜怒哀楽全ての感情を外には剥きだし、内には抑えて生きてきたなあと思い。また、こんなワシにようさんいろんな人間がついてきよったなあと他人事のように考えた。あとやっぱり、林親分と出会ったシーンが頭の中で長い時間浮んでいた。

しかし、一気に何年も張り詰めていた精神が緩んだのか、次の瞬間に頭の中に浮かんだのは、想像もしていないことだった。

ワシの極道人生終わりや……。

その日の夜、第二部隊代表の町田を呼び出した。

「あのなあ、ワシは足洗うわ……」

そして、会長秘書と話したことを伝えた。

「何年分もの疲れが一気に出たわ。ワシはもう、限界や」

親分の言葉でさっぱりとした気持ちになってしまっていた。未練は微塵もなかった。

「兄貴、自分たちは一切口は出しません。お疲れ様でした」

「あとはなァ、第二部隊の皆に、今ワシが組と別で動いとる方のシノギもやるし、ワシのブレーンの堅気商売の社長らも使うてかまへんから、皆落ち着いたら教えてくれ。すまんが、最後に頼むな」

「兄貴、ありがとうございます」

「あほか、当たり前やないか。皆が飯食える道乗るのが第一や。あっ、そや。夕方に10人ほど、適当に第二部隊集めとってくれや」

「はい。承知しました」

ワシは、長野がどこにいるか調べていた。せやから、夕方に飯を食いに行くことを知っていた。長野は、町田が仕込んだ偽の若い衆と飯を食べに行ってたんや。ワシはその店に、第二部隊から集められた10人ほどを連れて向かった。

店内に入ると、長野以外は皆立ち上がり、ワシに挨拶をした。

「お疲れっす」

長野は、飯を食いながらワシに舐めた態度で挨拶をする。ワシは連れていった10人に向かって言った。

「皆、適当に座って何か食えや」

長野はここで、ワシが10人ほどを連れてきとることに気がついて箸を止めた。

「兄貴〜」

長野がそう言った瞬間。

「ワレ!!　ワシが役職戻った途端何が兄貴じゃ！　おどれの兄貴でも何でもないど!!」

長野は顔面蒼白である。

「長野ォ、お前、鏡花水月《きょうかすいげつ》いう言葉知っとるか？　知っとるわけないわなァ。ヤクザなら知っとけなァ」

そして……。

「お前、さっきの挨拶はなんや！　おどれはワシに喧嘩売っとんのか？　あ〜!!」

ワシがそう言うと、一緒に連れて来ていた第二部隊の10人ほどが皆で長野を囲んでいた。震えを必死に隠す姿を見ながらワシは言った。

「親父にでも言わんかい。おどれの行儀づけにどつき回されるぞ？　ワシは、弱い者いじめと嘘は嫌いやから心配すな」

そう言って、笑顔で店を出た。ワシは長野に対して、咬ましと、人に囲まれる圧をかけたろうと思っていたんや。ワシの場合、圧どころかボコボコにされたけどな。まあ、今なら笑えるが。

終着駅

　3人との件から約半年が経ち、第二部隊の皆も落ち着いたため、ワシは組を飛ぶことにした。指落として痛い思いするのも、多額の金を用意するのももう嫌やった。第二部隊の皆も、指落とすなんぞ馬鹿らしいと言ってくれて、温かく見送ってくれた。もちろん、千次郎先生や、橋本夫妻も、そんなことせず出てしまえと、背中を押してくれた。

　数日後、親分らに囲まれてボコボコにされて以来、部屋の一番目立つ場所にかけておった血まみれの上下の服を、ワシはゴミ箱にそっと入れた。そして、ある男と待ち合わせをしていた。男が現れた。

「ご苦労様です。中野刑事、久しぶりですね」

「てつさんこそ久しぶりやね」

「電話で話した通り、自分もう、極道辞めますね。量刑軽くしてくれたり、色々とありがとうございました」

「てつさん、寂しなるやん。上がっていくの楽しみにしてたのに」

　中野刑事が口を開くと、1時間ほど、雑談と笑い話をして席を立った。

「ありがとうございました。もし、何かの縁がありましたら、よろしくお願いします」

そう言って席を立ち、ピンっとしとった背を少し丸め、大ガニ股を普通に戻した。そして、顔の筋肉を和らげて、ズボンに入れとった手を、上着のポケットに入れ替えて歩き出した。

「てつさん、次はどこの組？　ヤクザ辞めんときや。他の組入ったら連絡まっとるわ」

笑いながら話す中野刑事に向かい、ワシは笑顔で軽く頭を振って人波に消えた。こうして、ワシの極道人生は幕を閉じたのである。

数カ月後の話、町田が仕込んで長野に付いとった若い衆が、親分に、長野の悪態を全て暴露したらしい。

「あんたに誰も付いていかへん」

長野は、若い衆に正面から堂々と言われて1人になり、組からの冷めた目の日々から逃げた。所詮、張りぼてなんぞすぐにダメになる。自業自得であろう。

全ての組ではないにしろ、極道とはそんなに格好のいいモノではない。格好悪く情けないことも多い。金だって、なかなか稼げるもんでもない……。金や力を手にすることができるのは、今のご時世ではホンマに、ごくごく一部の極道だけやと思う。

おわりに

今振り返ってみると、ワシは鳥籠の中の鳥みたいなモノやった。極道、組という鳥籠の中に入って、日々を送っていたのだと思う。

ワシは、決して極道で偉いさんになったわけではない。オーラや貫禄も最後までついていなかったと思う。周りにいた仲間たちが担いでくれたおかげで、なんとかやってこれた。せやから、格好よくもないし、見方によっては半端者にしかすぎないやろう。批判もあると思う。ただ、底辺から頑張れるだけ頑張ったつもりや。これからも、その気持ちは変わらずに生きていくと思う。

ワシは極道になる前から、数え切れぬほどに捕まった。その度に助けてくれたのが、親父や。ガキん頃、両親が離婚して、ワシは親父に育てられた。親父は、見た目がいかつくてごっつい厳しい人や。何百回しばかれたやろうか。それでもワシは悪さを続け、気づけば極道の世界に入っていた。咎《とが》められはしなかったが、しばらくして、親父からは縁を切られた。

親父には苦労と迷惑しかかけていない。親父の嫌いな刺青も入っとるし、親父は二度目の極道人生を送っていたことも知らない。申し訳ない気持ちでいっぱいや。ようやく、堅気の社会に両足でしっかり立って生活をするようになって思う。親父の背中はでっかい。今となっては遅すぎるが、これからでも親孝行ができたらと強く思う。

この本を書くことができたのは、ワシと関わってくれた多くの人たちのお陰や。この場を借りて、感謝を伝えたい。

草下シンヤ氏、丸山ゴンザレス氏と出会い、本を書かせてもらえることとなった。それは、ワシの新しい人生の始まりやった。おふたりには深く感謝している。

それに極道時代から今も仲よく支えてくれたりもしとる彫師の千次郎先生、それから橋本夫妻にも感謝の意を述べたい。そして、ワシの手書きの文章を編集してくれて支えてくれとる妻のかずみに感謝したい。

そして皆様、最後までワシの話を読んでいただき、たいへん感謝しとります。これにて、ワシが歩んだ極道人生録の幕を閉じさせていただくことと致します。ホンマにありがとうございました。

令和3年10月　てつ

■著者紹介

てつ

昭和後期に関西で生まれる。

母方の実家は裕福で、血の気は多いが結束の固い一族のもとで可愛がられて幼少期を過ごす。

小学校へ入ると両親は離婚し、生まれた街を離れて親父とふたりで暮らした。

プロレスラーのような体格の親父は忙しく、ほとんど家にはいなかった。しかし、それが掟であるかのように、喧嘩で負けることは許されない気がしていた。日々、喧嘩で飛び回っていると、自ずと極道の世界へと入門していた。

現在は極道を引退し、カタギとして充実した生活を送っている。

カバーイラスト：花小金井正幸

関西ヤクザの赤裸々日記

2021年 12月 10日　第1刷
2021年 12月 11日　第2刷

著　者　てつ

発行人　山田有司

発行所　株式会社彩図社

〒170-0005
東京都豊島区南大塚 3-24-4 MTビル
TEL 03-5985-8213　FAX 03-5985-8224

URL：https://www.saiz.co.jp/
Twitter：https://twitter.com/saiz_sha

印刷所　新灯印刷株式会社

 ISBN978-4-8013-0563-2 C0195